Darganfod!

Sbwriel

Awdur: Anita Ganeri

Ymgynghorydd: Dr Stephen Burnley

Addasiad: Sioned Lleinau

Uwch-olygyddion Carrie Love, Roohi Sehgal
Cynllunwyr y prosiect Rachael Hare, Jaileen Kaur
Uwch-olygydd celf Nidhi Mehra
Cynllunwyr DTP Sachin Gupta, Vijay Kandwal
Ymchwilydd lluniau'r prosiect Sakshi Saluja
Cydlynydd y clawr Issy Walsh
Cynllunydd y clawr Debangshi Basu
Golygydd y clawr Radhika Haswani
Rheolwyr golygyddol Penny Smith, Monica Saigal
Rheolwyr celf golygyddol Mabel Chan,
Romi Chakraborty
Golygydd cynhyrchu Rob Dunn
Rheolwr cynhyrchu Ena Matagic
Penaethiaid creadigol Delhi Glenda Fernandes,
Malavika Talukder
Rheolwr cyhoeddi Francesca Young
Cyfarwyddwr creadigol Helen Senior
Cyfarwyddwr cyhoeddi Sarah Larter

Ymgynghorydd addysgol Jacqueline Harris

Addasiad Cymraeg Sioned Lleinau

Cyhoeddwyd gyntaf ym Mhrydain yn 2021
gan Dorling Kindersley Limited
One Embassy Gardens, 8 Viaduct Gardens, Llundain, SW11 7BW

Hawlfraint © 2021 Dorling Kindersley Limited
A Penguin Random House Company

Cyhoeddwyd gyntaf yn Gymraeg yn 2022 gan
Rily Publications Ltd, Blwch Post 257, Caerffili, CF83 9FL
© Hawlfraint yr addasiad 2022 Rily Publications Ltd.

ISBN: 978-1-80416-291-0

Cedwir pob hawl.
Mae'r cyhoeddwr yn cydnabod cefnogaeth ariannol
Cyngor Llyfrau Cymru.

Argraffwyd a rhwymwyd yn China

www.rily.co.uk
www.dk.com

CYMYSGEDD
Papur | Yn cefnogi
coedwigaeth gyfrifol
FSC® C018179

Gwnaethpwyd y llyfr hwn gyda phapur
cymeradwy gan y Forest Stewardship Council®
(Cyngor Stiwardio Fforestydd®) i ddynodi
ymrwymiad y cyhoeddwyr i ddyfodol cynaliadwy.

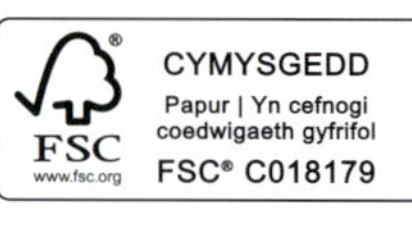
Llysiau
pwdr

Cynnwys

Coffi mâl wedi'i
ddefnyddio

Sgidiau
rwber

Lorri sbwriel

Rheoli sbwriel drwy'r oesoedd

Mae'r modd mae pobl wedi ymdrin â sbwriel wedi newid o un oes i'r llall. Cafwyd llawer o ddyfeisiadau clyfar a syniadau newydd i ddelio â gwastraff.

Y White Wings wrth eu gwaith

Rheoli gwastraff yn cynyddu mewn dinasoedd

Cyflogi dwy fil o gasglwyr sbwriel – y 'White Wings' – i glirio gwastraff dinas Efrog Newydd.

Ymchwil sbwriel

Y Gymdeithas Wastraff ac Ailgylchu Genedlaethol yn dechrau sefydlu canolfannau ailgylchu yn yr UDA.

Ymgyrch ailgylchu

Mae "Diwrnod Ailgylchu America" yn pwysleisio'r angen am gyfleoedd ailgylchu newydd a gwell.

| 1885 | 1895 | 1933 | 1962 | 2001 | 2016 | 2022 |

Llosgi gwastraff dinesig

Adeiladwyd gwaith llosgi gwastraff cyntaf UDA ar Ynys Governor, Efrog Newydd.

Injanau i lorïau sbwriel

Ym Mharis, mae Fernand Rey yn dyfeisio'r lorri bacio sbwriel fodern, hydrolig gyntaf.

Parc Tirlenwi

Gwaith yn dechrau ar drawsnewid safle tirlenwi Fresh Kills yn ninas Efrog Newydd, UDA, yn barc dinesig gwyrdd.

Cynllun puro

Dechrau menter newydd yn Singapore i gasglu, trin, a phuro dŵr gwastraff.

Pethau i'w darganfod:

Crefftwaith o wastraff

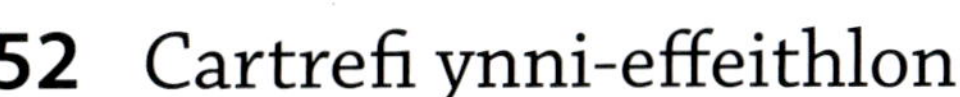

ag sbwriel

Gwastraff sbwriel yn niweidio riffiau cwrel.

Hen feiolin a gafodd ei thaflu i'r sbwriel

Bin a bagiau gwastraff.

Beth yw sbwriel?

Bob dydd, rydyn ni'n taflu miliynau ar filiynau o
dunelli o sbwriel i ffwrdd. Mae rhywfaint o'r sbwriel
hwn yn fioddiraddadwy. Golyga hyn ei fod yn pydru
ac yn treiddio i mewn i'r pridd. Ond dydy bob sbwriel
ddim yn ymddatod ac mae'n troi'r Ddaear yn domen
sbwriel anferth.

Ardal sbwriel
Mae'r domen sbwriel sy'n arnofio
yn y gronfa ddŵr yng nghadwyn
mynyddoedd Carpathia yn
Ewrop yn dangos sut mae
gwastraff plastig yn casglu'n
rhwydd. Mae'n ymddatod mor
araf mewn dŵr fel na fydd, o
bosib, byth yn diflannu.

Problem gwastraff

Mae cael gwared ar gymaint o
sbwriel yn broblem ddifrifol ledled y
byd. Gall gwastraff sy'n cael ei daflu
i ffwrdd fod yn farwol i anifeiliaid,
planhigion ac i'r amgylchedd.

Morlo wedi'i ddal mewn sbwriel
yn y Môr Tawel

Anifeiliaid
Gall anifeiliaid y môr gael
eu dal mewn sbwriel sy'n
cael ei daflu i'r môr,
megis hen rwydi
pysgota a bagiau
plastig. Gallant hefyd
lyncu sbwriel sy'n
gwenwyno'u cyrff.

Blwmiau algaidd

Gall gwrtaith o gaeau ffermwyr olchi i afonydd adeg glaw. Mae planhigion afon bychain o'r enw algâu yn defnyddio'r dŵr hwnnw i dyfu. Mae hyn yn arwain at algâu yn gorchuddio afonydd a niweidio bywyd gwyllt.

Plant yn chwarae yn agos at sbwriel yn Cambodia

Llosgi gwastraff yn Nigeria

Pobl

Mae sbwriel sy'n pydru'n fagwrfa ar gyfer heintiau all fod yn farwol i bobl. Ond mae gwaredu sbwriel yn ddiogel yn ddrud, felly gall fod yn anodd ei reoli.

Yr amgylchedd

Caiff rhywfaint o sbwriel ei losgi, gan ryddhau nwyon gwenwynig i'r aer. Mae hyn yn achosi problemau i'r amgylchedd, a gall arwain at achosi tanau eraill.

Beth sy'n cuddio yn y tomenni?

Flynyddoedd lawer yn ôl, roedd pobl yn taflu eu sbwriel bob dydd ar domenni mawr yn eu pentrefi neu y tu allan i'w tai. Mae rhai o'r tomenni sbwriel yma i'w gweld o hyd. Drwy astudio'r sbwriel gall archeolegwyr ddysgu llawer am sut roedd pobl yn byw.

WAW!

Mae'r tomenni cregyn **hynaf** yn fwy na **140,000 mlwydd oed**

Golosg a lludw
Mae pentyrrau o olosg a lludw'n brawf fod y bobl a adeiladodd yr hen domenni'n defnyddio tân fel rhan o'u bywydau bob dydd.

Offer
Mae offer sydd wedi torri'n cynnig gwybodaeth werthfawr ynglŷn â pha waith roedd pobl yn ei wneud, pa ddefnyddiau oedd ar gael, a sut roedden nhw'n hela ac yn paratoi bwyd.

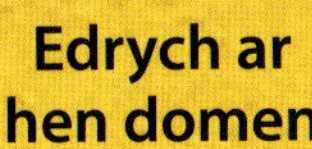

Edrych ar hen domen

Gall hen domen edrych fel pentwr o sbwriel, ond mae'i chynnwys yn cynnig cliwiau defnyddiol i archeolegwyr am sut roedd pobl yn byw yn y gorffennol.

Crochenwaith
Gall darnau o hen grochenwaith gael eu rhoi yn ôl at ei gilydd i ddangos y math o eitemau roedd pobl yn eu defnyddio i goginio, bwyta a storio bwyd a diod.

Amcangyfrif oedran

Gall gwyddonwyr ddarganfod pa mor hen yw esgyrn drwy gyfrwng dyddio radiocarbon. Defnyddir y broses i ddyddio'r hen domenni.

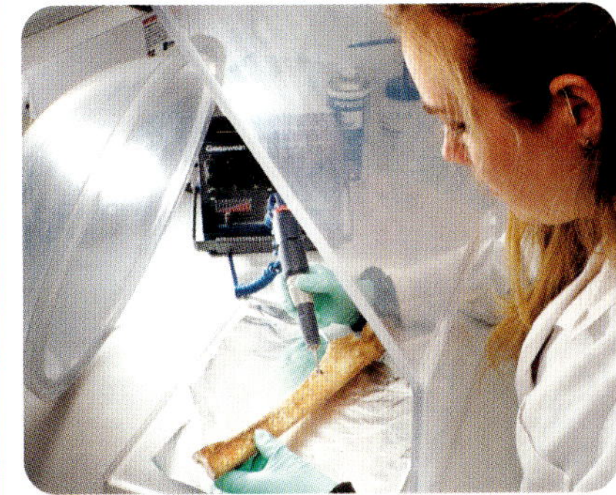

Dadansoddi deunydd esgyrn

Cregyn
Ar hyd yr arfordir, mae hen domenni'n cynnwys cregyn wystrys, cregyn cylchog, a chregyn gleision. Gweddillion prydau bwyd helwyr yw'r rhain.

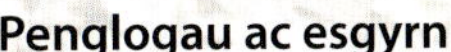

Penglogau ac esgyrn
Caiff gweddillion anifeiliaid, megis llygod mawr, eu canfod yn aml mewn hen domenni. Roedd y sbwriel yn ffynhonnell ddeniadol o fwyd ar gyfer anifeiliaid gwyllt.

Sbwriel neu drysor?

Weithiau, bydd trysorau anhygoel ac annisgwyl yn cael eu darganfod yng nghanol sbwriel, o fariau o aur i hen bethau prin. Ond does dim rhaid i sbwriel fod yn werth ffortiwn bob tro i fod yn werthfawr. Gall sbwriel un person fod yn ffordd i rywun arall wneud bywoliaeth.

Byw ar safleoedd tirlenwi

Mewn rhai llefydd lle mae'n anodd dod o hyd i swydd, bydd pobl dlawd yn byw ar domenni sbwriel. Maen nhw'n peryglu eu hiechyd wrth chwilio ymysg y gwastraff am eitemau i'w gwerthu i wneud arian.

Pobl yn chwilio ar safle wastraff yng Ngwlad Thai

HET EICONIG

Yn 2019, roedd dyn yn gweithio ar domen sbwriel yn y DU pan sylwodd ar ambell eitem ddiddorol. Gofynnodd i arbenigwr a darganfod fod rhai o'r eitemau'n eiddo i Syr Winston Churchill, oedd yn ffigur hanesyddol bwysig. Roedd y casgliad yn cynnwys hetiau, llythyron, llun wedi'i arwyddo, a hyd yn oed hen sigâr.

Roedd Winston Churchill yn Brif Weinidog y DU ar un adeg.

DARGANFOD AUR

Yn Ne Corea yn 2018, daeth un o'r glanhawyr mewn maes awyr ar draws saith bar o aur mewn bin. Lapiodd nhw mewn papur newydd a'u rhoi i'r heddlu. Gwerth yr aur oedd £240,000.

ARTEFFACTAU MAYAIDD HYNAFOL

Yn Efrog Newydd, UDA, yn 2004, roedd Nick DiMola'n clirio fflat artist oedd wedi marw. Daeth o hyd i gasgen gardbord a'i rhoi i gadw am rai blynyddoedd. Pan agorodd y gasgen o'r diwedd, daeth o hyd i werth £10,500 o arteffactau Mayaidd hynafol yn dyddio rhwng 300 CCC a 500 CC.

Cafodd yr eitemau eu storio'n ofalus mewn gwellt a'u cadw'n ddiogel mewn casgen gardbord.

Cardiau pêl-fas

Yn 2016, roedd teulu yn UDA yn clirio tŷ perthynas oedd wedi marw pan ddaethon nhw ar draws saith hen gerdyn pêl-fas. Bu bron iddyn nhw eu taflu i'r sbwriel, ond drwy lwc, wnaethon nhw ddim. Roedd y cardiau dros 100 mlwydd oed, yn hynod brin ac yn apelio'n fawr at gasglwyr cardiau. Roedden nhw'n werth dros £750,000.

Roedd llun y chwaraewr enwog Ty Cobb ar un o'r cardiau.

Feiolin debyg o gasgliad Pedrazzini.

Crair o feiolin

Yn Texas, daeth dyn ar draws hen feiolin wrth ymyl y ffordd fawr. Darganfu fod yr offeryn yn arfer bod yn eiddo i'r gwneuthurwr feiolinau enwog o'r Eidal, Giuseppe Pedrazzini, ac yn werth llawer o arian!

O ble mae sbwriel yn dod?

Mae bron popeth rydyn ni'n ei wneud bob dydd yn creu rhyw fath o sbwriel. Daw gwastraff arall o ffatrïoedd, diwydiant, ffermydd a siopau, heb sôn am e-wastraff – eitemau electronaidd megis hen ffonau clyfar, cyfrifiaduron wedi torri, ac offer tŷ o bob math.

Moron a thatws wedi'u gwastraffu

Does dim modd bwyta llysiau wedi pydru.

Mae cwmnïau'n creu llawer o wastraff masnachol bob dydd.

Gwastraff amaethyddol

Gwastraff o ffermydd yw hwn. Mae'n cynnwys pethau fel cnydau sy'n pydru, gwastraff anifeiliaid, gwrtaith a phlaladdwyr gwenwynig. Weithiau caiff y rhain eu golchi i mewn i afonydd gyda'r glaw.

Mae'n bwysig gwaredu gwastraff diwydiannol yn ddiogel.

Gwastraff tŷ

O wastraff bwyd a phecynnau plastig, i fagiau te wedi'u defnyddio a hen ddillad, mae cartrefi ledled y byd yn taflu tunelli o wastraff bob dydd. Mae'n dda ystyried faint wyt ti'n ei daflu i ffwrdd.

Categorïau gwastraff

Mae'n bosib rhannu gwastraff yn ddau fath, yn dibynnu ar yr hyn y mae wedi cael ei wneud ohono.

Yn cynnwys pethau fel bwyd wedi pydru.

Yn cynnwys pethau fel gwydr a phlastig.

Gwastraff masnachol

Daw'r math hwn o wastraff o siopau, swyddfeydd ac ysgolion, sy'n creu llawer o sbwriel bob dydd. Mae'r gwastraff hwn fel arfer yn cynnwys cardbord, papur, plastig ac offer wedi torri. Mae llawer o'r cwmnïau yma'n trio ailgylchu er mwyn lleihau eu gwastraff.

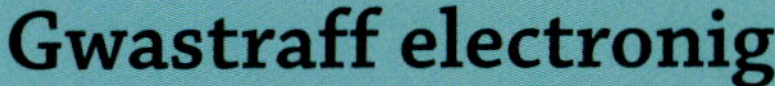

Gwastraff electronig

Caiff gwastraff electronig ei alw'n "e-wastraff". Mae'n cynnwys pethau fel hen ffonau clyfar a setiau teledu, hen fatris, oergelloedd a rhewgelloedd. Mae angen gwaredu'r rhain mewn modd arbennig a diogel.

Gwastraff diwydiannol

Mae ffatrïoedd a diwydiannau'n creu gwastraff fel cemegolion, all fod yn beryglus i bobl ac anifeiliaid. Gall y gwastraff hwn gael ei arllwys i'r môr neu i afonydd, sy'n niweidio'r amgylchedd.

Gwastraff tŷ

Dychmyga'r holl sbwriel rwyt ti a dy deulu'n ei greu gartref bob dydd. Beth deflaist ti i'r bin heddiw? Cylchgrawn efallai, neu fwyd neu hen frwsh dannedd. Gallai llawer o'r gwastraff yma gael ei ddefnyddio ar gyfer rhywbeth arall, neu'i ailgylchu i greu rhywbeth newydd.

Gall hen ddillad neu rai diangen gael eu trwsio, eu rhoi i elusen neu eu rhoi mewn banc dillad i gael eu hailgylchu.

Papur

Mae papur gwastraff yn cynnwys cartonau wyau, papur lapio, cardbord a phapurau newydd. Gall llawer ohono gael ei ailgylchu yn hytrach na'i daflu i ffwrdd. Ceisia ddarganfod os yw papur yn cael ei gasglu o dy gartref di neu os oes canolfan ailgylchu gerllaw.

Metel

Caiff metel ei ddefnyddio i greu llawer o eitemau i'r cartref, yn cynnwys cyllyll a ffyrc, ffoil a thuniau. Yn hytrach na'u taflu i ffwrdd, mae'n bosibl ailgylchu pethau sydd wedi'u gwneud o ddur neu alwminiwm.

Plastig

Caiff miliynau o boteli plastig, bagiau, a phecynnau bwyd eu taflu i ffwrdd bob dydd. Gall rhai mathau o blastig gael eu hailgylchu, ond caiff llawer o blastig ei daflu i ffwrdd. Mae ailgylchu'n syniad da, os yw'n bosibl.

Gwydr

Gall poteli gwydr a jariau gael eu hailgylchu'n hawdd, ond dydy pob awdurdod lleol ddim yn casglu gwastraff gwydr. Mae'n bosib eu hailddefnyddio hefyd yn y cartref i ddal pethau fel sbeisys, reis a bwydydd a diodydd eraill. Cofia'u golchi'n lân cyn eu hailddefnyddio.

Ffermydd

Ar y fferm, gall cnydau gael eu niweidio gan beiriannau fferm, pryfed a heintiau. Dydy rhai o'r cnydau ddim yn ddiogel i bobl eu bwyta; mae'n bosibl defnyddio rhai eraill, ond mae archfarchnadoedd yn anfodlon eu gwerthu.

Cludiant a storio

Gall cnydau gael eu niweidio ar y ffordd i'r warws, neu wrth gael eu storio cyn prosesu.

Camau gwastraff bwyd

Mewn sawl gwlad, mae pobl yn prynu llawer mwy o fwyd nag sydd ei angen arnyn nhw. Yn aml bydd y bwyd yma'n pydru neu'n mynd heibio'i ddyddiad gwerthu, ac yn cael ei daflu i ffwrdd yn hytrach na'i fwyta. Caiff llawer iawn o fwyd ei wastraffu hefyd wrth basio drwy'r gwahanol gamau rhwng y fferm a'r bwrdd bwyd.

WIR?

Bob blwyddyn, caiff **un rhan o dair** o'r holl fwyd sy'n cael ei gynhyrchu ar ffermydd ei **wastraffu.**

3 Prosesu

Yn y ffatri, caiff ffrwythau, llysiau a chynhwysion amrwd eraill eu pecynnu mewn tuniau, cartonau a bagiau. Mae'r broses hon yn creu llawer o grafion, mwydion a gwastraff arall.

Dosbarthu

Cyn gynted ag y bydd bwyd yn cyrraedd siopau neu farchnadoedd, caiff ei osod allan i'w werthu. Os na chaiff ei brynu cyn cyrraedd ei ddyddiad gwerthu, mae'n cael ei daflu neu ei roi i ffwrdd.

5 Bwyta

Mewn llawer o gartrefi, ysgolion, swyddfeydd a bwytai, caiff bwyd sydd heb ei fwyta ac wedi'i adael ar ein platiau ei daflu i'r bin a'i wastraffu.

Gwastraff electronig

Mae e-wastraff yn cynnwys offer electronig, megis hen gyfrifiaduron a ffonau symudol. Mae'n cynnwys metelau a chemegau niweidiol, ac mae angen ei ailgylchu neu'i waredu'n ofalus. Gall e-wastraff gynnwys eitemau gwerthfawr, megis aur, felly mae'n bwysig ei ailddefnyddio am y bydd y cyflenwadau ohono'n dod i ben yn y dyfodol.

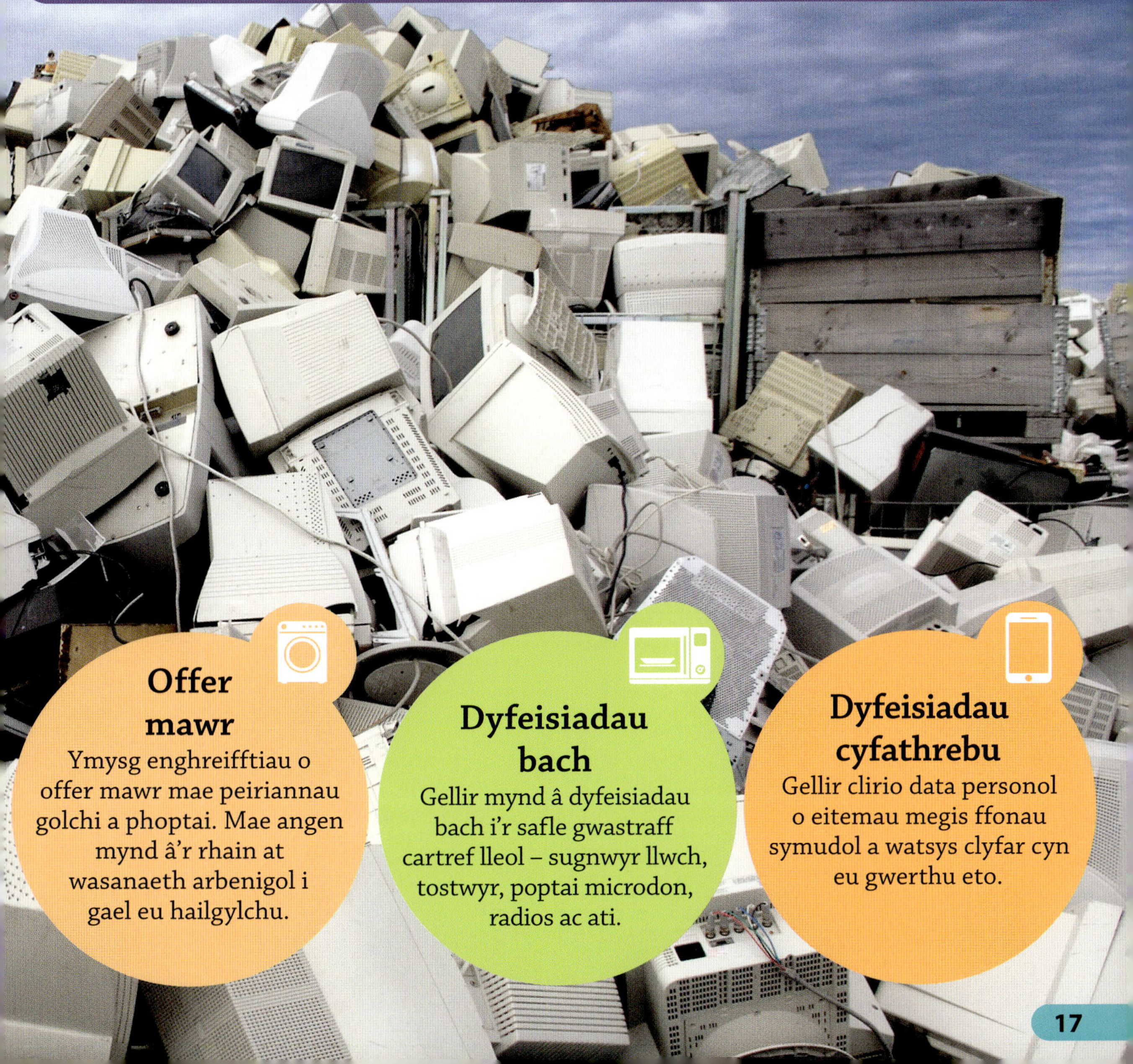

Offer mawr

Ymysg enghreifftiau o offer mawr mae peiriannau golchi a phoptai. Mae angen mynd â'r rhain at wasanaeth arbenigol i gael eu hailgylchu.

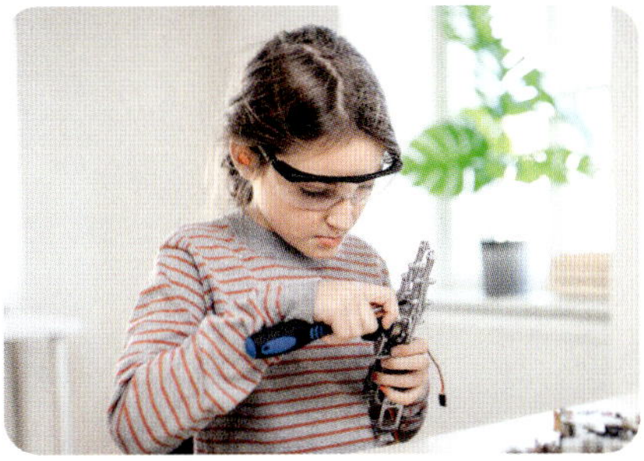

Dyfeisiadau bach

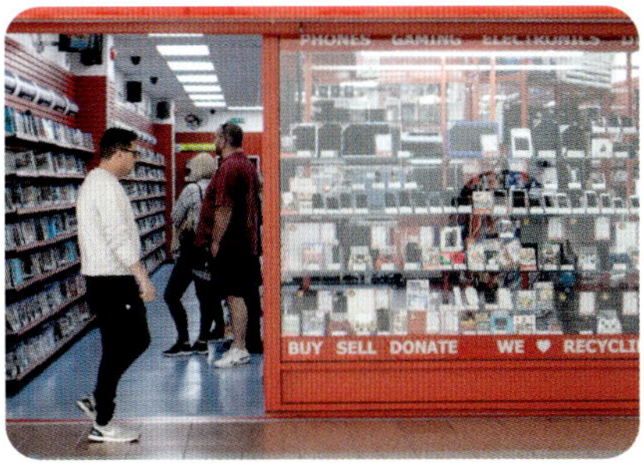

Gellir mynd â dyfeisiadau bach i'r safle gwastraff cartref lleol – sugnwyr llwch, tostwyr, poptai microdon, radios ac ati.

Dyfeisiadau cyfathrebu

Gellir clirio data personol o eitemau megis ffonau symudol a watsys clyfar cyn eu gwerthu eto.

I ble mae gwastraff yn mynd?

Dydy pob gwastraff ddim yn cyrraedd safleoedd tirlenwi. Er mwyn amddiffyn yr amgylchedd, mae mwy o wastraff yn cael ei ddidoli a'i anfon i ganolfannau ailgylchu, compostwyr, a ffatrïoedd ynni gwastraff. Mae ffordd bell i fynd o hyd cyn i ni sicrhau byd sero-wastraff, ond mae'n ddechrau da.

Gwastraff cyffredinol

Ni all gwastraff cyffredinol gael ei ailgylchu. Caiff ei gludo mewn lorïau sbwriel i safleoedd tirlenwi i gael ei gladdu, neu i weithfeydd llosgi.

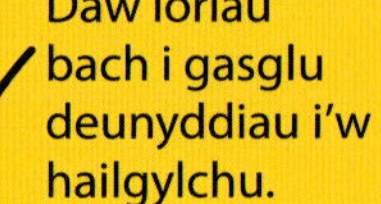

Daw lorïau bach i gasglu deunyddiau i'w hailgylchu.

Gwastraff i'w ailgylchu

Mewn llawer o wledydd mae pobl yn didoli gwastraff y gellir ei ailgylchu i fathau gwahanol, megis gwydr, plastig a phapur. Caiff pob math o wastraff ei roi mewn biniau o liwiau gwahanol.

Gwastraff organig

Gwastraff yw hwn a ddaeth yn wreiddiol o blanhigion ac anifeiliaid. Mae'n cynnwys bwyd wedi pydru, gwastraff fferm, a gwastraff gardd megis toriadau porfa.

Tirlenwi

Yma caiff gwastraff ei ddympio mewn twll a'i gladdu. Mae rhai safleoedd tirlenwi'n anferth – yr un maint â 150 o gaeau pêl-droed.

Ffatri losgi

Yn y ffatrïoedd yma, caiff gwastraff ei losgi ar dymheredd uchel. Mae hyn yn creu ynni sy'n cael ei ddefnyddio i gynhyrchu trydan.

Ffatri ailgylchu

Mewn ffatri ailgylchu, caiff y gwastraff ailgylchadwy ei ddidoli ymhellach eto yn ôl math, a'i bacio'n barod i'w droi'n gynnyrch newydd.

Gerddi a ffermydd

Gellir troi peth gwastraff organig yn gompost a'i ddefnyddio fel gwrtaith ar gyfer gerddi a chaeau. Mae'n rhoi bwyd cyfoethog i blanhigion newydd.

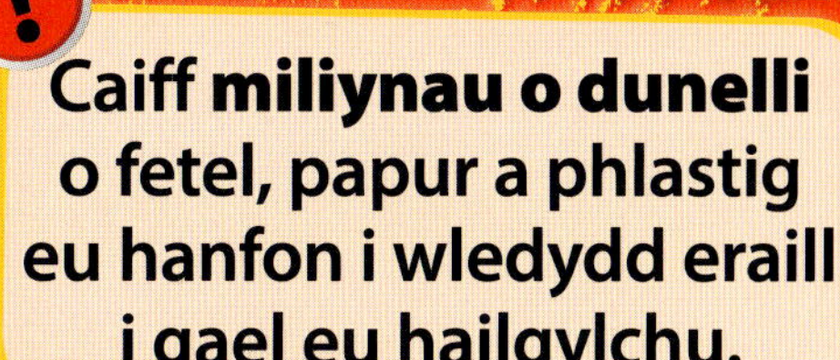

Yn y cartref

Fflysio'r toiled, brwsio dy ddannedd a golchi ffrwythau yn y sinc – mae pob un o'r rhain yn defnyddio dŵr sy'n mynd i wastraff. Mae camau rhwydd y gellir eu cymryd i arbed dŵr, megis troi'r tap i ffwrdd pan na fydd ei angen. Byddai llawer o ddŵr yn cael ei arbed o wneud hyn.

Ar y fferm

Ledled y byd, mae ffermydd yn defnyddio llawer iawn o ddŵr i dyfu cnydau, megis reis yn y caeau padi yma sydd dan ddŵr. Gellir arbed dŵr wrth gael ffermydd i dyfu planhigion neu gnydau sydd angen llai o ddŵr.

Casglu dŵr i'w ddefnyddio yn yr ardd
Wrth olchi ffrwythau a llysiau, casgla'r dŵr gwastraff a'i ddefnyddio i ddyfrio'r ardd hefyd.

Dyfrio drwy ddefnyddio taenellwyr
Un ffordd o leihau gwastraff dŵr yw defnyddio taenellwyr i ddyfrio caeau, fel bod y maint cywir yn cael ei ddefnyddio a'i daenu'n agos at systemau gwreiddiau y planhigion.

Gwastraff dŵr

Meddylia am yr holl ddŵr rwyt ti'n ei ddefnyddio gartref bob dydd. Ychwanega'r dŵr sy'n cael ei ddefnyddio gan ffermydd, ffatrïoedd a busnesau. Caiff dŵr ei ddefnyddio i fflysio toiledau, tyfu cnydau a chreu cynnyrch, ond mae llawer iawn ohono'n cael ei wastraffu yn y broses. Felly, pa gamau allwn ni eu cymryd i arbed yr adnodd gwerthfawr hwn?

Mewn ffatrïoedd

Mae ffatrïoedd yn defnyddio dŵr yn eu prosesau gweithgynhyrchu, i lanhau cynnyrch, ac i oeri peiriannau. Gall miliynau o litrau o ddŵr gwastraff gael ei bwmpio'n syth i mewn i afonydd, ond a ellid ei ailddefnyddio yn lle hynny?

Defnydd masnachol

Bob dydd, defnyddir dŵr mewn cannoedd o ffyrdd gwahanol mewn siopau, tai golchi, gwestai, bwytai, campfeydd a busnesau eraill. Caiff dŵr ei ddefnyddio mewn mannau golchi ceir ac mae llawer o'r dŵr hwnnw'n mynd i wastraff.

Trin ac ailddefnyddio dŵr gwastraff
Gellir trin dŵr o ffatrïoedd a'i ailddefnyddio ar gyfer fflysio toiledau a golchi lloriau.

Defnyddio offer arbed dŵr
Gall gosod taenellwr ar flaen piben arbed dŵr. Mae hyn yn ei gwneud hi'n haws i droi'r dŵr ymlaen ac i ffwrdd.

Mae'r broses o **greu crys-T cotwm yn defnyddio tua 1,800 litr** (475 galwyn) o ddŵr.

Ailddefnyddio dŵr gwastraff yng Ngwlad Iorddonen grasboeth

Mae rhai dinasoedd wedi creu gweithfeydd lle gall dŵr gwastraff gael ei drin a'i droi'n ddŵr yfed diogel. Mae hwn yn ddewis da ar gyfer llefydd lle mae dŵr yn brin.

Gwaith trin carthion yn Madaba, Iorddonen.

I ble mae ein carthion yn mynd?

Mae pawb yn creu carthion. Mae'n broses naturiol i bobl ac anifeiliaid fel ei gilydd. Ym myd natur, mae carthion anifeiliaid yn creu pridd maethlon sy'n helpu planhigion i dyfu. Ond mae carthion dynol yn wahanol. Mae'n rhaid ei waredu mewn modd diogel.

Fflysio carthion

Wedi mynd i'r tŷ bach, byddi di'n fflysio. Bydd y carthion yn mynd i mewn i bibell garthion fawr gyda phiso, papur tŷ bach, a dŵr gwastraff arall.

Mae gwastraff mawr yn cynnwys pethau fel clytiau, cadachau, a blagur cotwm, na ddylid eu fflysio.

Rhannu gwastraff mwy

Mae'r dŵr gwastraff yn mynd i waith carthion i'w lanhau. Mae'n pasio drwy ridyllau anferth er mwyn cael gwared ar unrhyw wastraff mawr sydd wedi cael ei fflysio.

Tynnu graean

Nesaf, caiff y dŵr gwastraff ei gasglu mewn basn mawr, sy'n cael ei alw'n siambr graean. Yn y fan hon mae unrhyw ddarnau bach o raean fel tywod a cherrig mân yn cael eu tynnu allan.

Tynnu carthion

Caiff y dŵr gwastraff ei storio mewn tanc mawr. Am fod carthion yn drwm, maen nhw'n setlo ar waelod y tanc.

Mae'r carthion yn cael eu pwmpio i ffwrdd o'r tanc dŵr mewn pibellau.

Triniaeth aer

Caiff aer ei chwythu i mewn i'r gwastraff dŵr sy'n helpu'r bacteria defnyddiol i falu'r gwastraff organig yn fân a lladd bacteria niweidiol.

Mae chwilod y dom **yn bwyta baw anifeiliaid**. Maen nhw'n ei **rolio'n beli**.

Triniaeth llaid

Llaid yw'r enw ar y carthion a'r solidau eraill sy'n setlo ar waelod y tanc. Maen nhw'n cael eu pwmpio i ffwrdd.

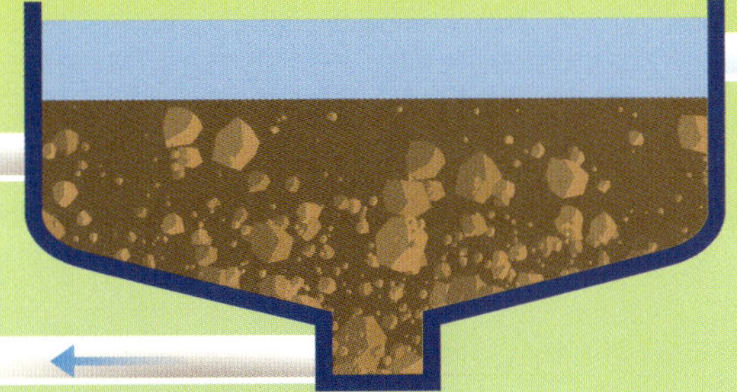

Glanhau dŵr

Caiff y dŵr gwastraff ei chwistrellu dros wely dwfn o gerrig. Mae bacteria da, aer a golau haul yn malu'r gwastraff sy'n weddill yn fân, fân ac yn lladd y bacteria niweidiol sydd ar ôl.

Mae'r dŵr yn cael ei ddiheintio â chlorin, uwchfioled neu osôn.

Troi dŵr glân yn ôl i afonydd

Mae'r dŵr glân yn llifo 'nôl i mewn i afon gyfagos, neu i'r môr os wyt ti'n byw ger yr arfordir.

Carthion anifeiliaid

Gall rhai mathau o garthion ledu afiechydon. Mae'n bwysig casglu baw dy anifail anwes yn ddiogel. Cadwa hambwrdd sbwriel dy gath yn lân. Casgla faw ci gan ddefnyddio bagiau carthion bioddiraddadwy.

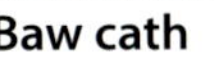

Baw cath

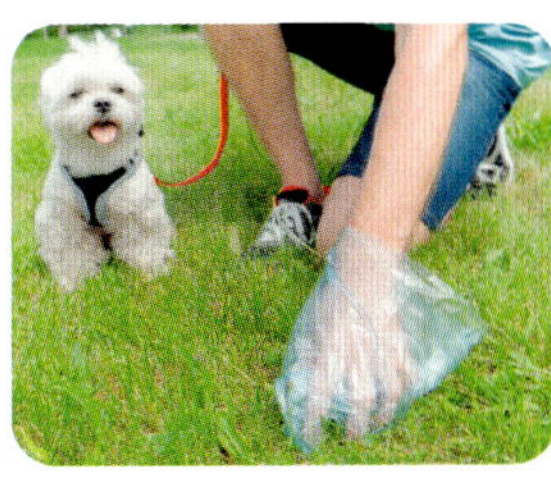

Baw ci

Gwastraff peryglus

Gwastraff allai fod yn niweidiol i bobl neu i'r amgylchedd yw gwastraff peryglus. Daw o ffatrïoedd, ysbytai, mwyngloddiau, ffermydd, labordai a'n cartrefi. Mae'n rhaid gwaredu unrhyw wastraff peryglus yn ofalus iawn i'w wneud yn ddiogel. Galli ddysgu mwy am wahanol fathau o wastraff peryglus isod.

Gwastraff olew a thanwydd

Mae gwastraff olew, petrol a hylifau modur eraill yn cynnwys cemegau peryglus. Ddylen nhw ddim cael eu rhoi allan gyda'r sbwriel bob dydd, na'u harllwys i lawr y draen.

Gwaredwch ar olew mewn mannau penodedig.

Dylid gadael i hen baent sychu'n galed.

Gwastraff paent

Mae rhai nwyddau addurno, yn enwedig paent, yn beryglus. Does dim hawl anfon paent hylif i safleoedd tirlenwi. Mae'n rhaid gadael iddo sychu a chaledu, wedyn mae'n bosib mynd â'r paent i'r domen sbwriel leol.

Batris

Os digwydd i hen fatris gyrraedd y safle tirlenwi, gall y cemegau o'u mewn ollwng ac achosi niwed. Rho nhw yn y bin ailgylchu. Byddan nhw wedyn yn cael eu tynnu'n darnau a gall eu deunyddiau gael eu defnyddio eto.

Mae hen fatris yn gollwng cemegau

Gwastraff cemegol

Mae llawer o ffatrïoedd mawr yn cynhyrchu gwastraff cemegol all fod yn niweidiol i anifeiliaid, pobl a'r amgylchedd. Dylai ffatrïoedd fod yn ofalus o'r modd y maen nhw'n gwaredu gwastraff cemegol.

Gall gwastraff cemegol niweidio gweithwyr ffatrïoedd.

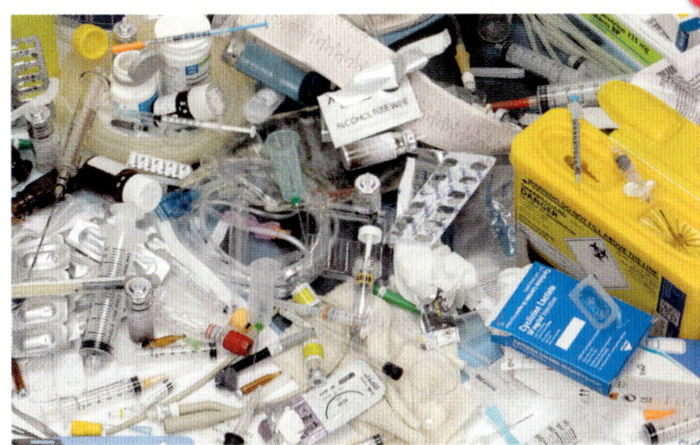

Caiff gwastraff meddygol ei roi mewn biniau arbennig.

Gwastraff meddygol

Mae ysbytai a syrjeris doctor yn defnyddio offer meddygol fel nodwyddau a chwistrellau. Dylid rhoi'r rhain mewn biniau "eitemau miniog" arbennig yn syth ar ôl eu defnyddio.

Gwastraff niwclear

Gall gwastraff niwclear barhau i fod yn beryglus am filoedd o flynyddoedd. Mae angen llawer iawn o amser arno cyn ei fod yn ddiogel. Weithiau caiff gwastraff niwclear ei storio'n ddwfn o dan y ddaear, neu ei gymysgu â choncrit a'i storio mewn drymiau dur.

Mae gwastraff niwclear yn hynod beryglus.

Gall cemegolion a ddefnyddir ar ffermydd redeg i mewn i afonydd.

Plaladdwyr a gwrtaith

Mae rhai ffermwyr yn chwistrellu cemegau dros eu caeau. Mae'r rhain yn helpu'r cnydau i dyfu ac yn lladd plâu. Gall y cemegau dros ben lifo i mewn i afonydd a nentydd gan achosi llawer o niwed i bobl ac anifeiliaid.

Gwastraff yn y gofod

Mae sbwriel yn broblem fawr ar ein planed, ond rydyn ni hefyd yn troi'r gofod yn domen sbwriel. Mae miloedd o ddarnau o sbwriel yn cylchdroi o gwmpas y Ddaear, o hen loerennau i smotiau bach o baent gofod. Gall hyd yn oed y darnau lleiaf o sbwriel gofod fod yn beryglus o daro i mewn i loerennau a llongau gofod gweithredol.

Rocedi dros ben

Perygl mawr arall yw hen rocedi sydd wedi'u gadael ar ôl. Rocedi yw'r rhain sydd wedi'u saethu i'r awyr wrth lansio gwennol ofod neu loeren i'r gofod.

Gwastraff yn y gofod

Gall gwastraff gofod wibio ar gyflymder o 28,960 kya (18,000 mya). Ar y fath gyflymder, gall hyd yn oed darn maint grawnwin achosi difrod i longau gofod, fel yr Orsaf Ofod Ryngwladol. Caiff gwastraff gofod ei dracio er mwyn helpu i atal gwrthdrawiadau.

Tracio sbwriel
Mae Arsyllfa Goldstone yn Anialwch Mojave, Califfornia, UDA, yn defnyddio'i antena i dracio sbwriel gofod.

Gall antena 70 m (230 tr) Goldstone ganfod gwastraff 2mm ($^7/_{100}$ modfedd) ar uchder is na 1,000 km (621 milltir).

Gwastraff bach

Gall eitemau mawr o sbwriel gofod gael eu tracio. Ond mae cannoedd ar filoedd o ddarnau, megis nytiau a bolltau, bagiau sbwriel, sbatwlas, tyrnsgriwiau a hyd yn oed menig, yn rhy fach i'w tracio.

Lloerennau strae

Caiff hen loerennau eu gadael yn y gofod, pan fyddan nhw'n torri i lawr neu'n dod i ddiwedd eu cyrch. Os bydd dwy loeren yn taro yn erbyn ei gilydd, byddan nhw'n chwalu'n filoedd o ddarnau newydd o sbwriel gofod.

Cylchdro Daear-Isel

Mae'r rhan fwyaf o sbwriel gofod i'w weld o fewn y Cylchdro Daear-Isel, o fewn 2,012 km (1,250 milltir) i wyneb y Ddaear. Y parth hwn hefyd yw cartref yr Orsaf Ofod Ryngwladol. Gallai gwrthdrawiad fod yn drychinebus.

Tacluso
Yn 2016, cafodd Kounotori, y Cerbyd Trosglwyddo H-II, ei lansio gan Japan i helpu clirio malurion gan ddefnyddio tennyn hir 0.8 cilomedr (hanner milltir) o hyd.

Y Kounotori wedi docio yn yr Orsaf Ofod Ryngwladol

Credir bod tua 500,000 o falurion maint marblis yng nghylchdro'r Ddaear!

Beth i'w wisgo

Beth sydd yn dy gwpwrdd dillad? Oes gyda ti lawer o ddillad nad wyt ti'n eu gwisgo? Mae cynhyrchu dillad yn defnyddio ynni, dŵr a deunyddiau, ac yn rhyddhau nwyon niweidiol i'r atmosffer. Rydyn ni'n prynu ac yn taflu miliynau o eitemau o ddillad i ffwrdd bob blwyddyn. Byddai'n bosib trwsio, ailddefnyddio neu ailgylchu llawer ohonyn nhw.

Polyester

Defnydd artiffisial yw polyester sy'n cael ei ddefnyddio mewn llawer o ddillad. Caiff ei greu o ffibrau mân iawn o blastig. Gall y rhein deithio drwy'r system garthffosiaeth gan lygru afonydd a moroedd.

Bob munud, ar gyfartaledd, caiff 60 lorri sbwriel yn llawn dillad eu taflu i safle tirlenwi, neu eu llosgi.

Lliwiau cemegol
Y llifynnau cemegol sy'n cael eu defnyddio i liwio dillad yw un o brif achosion llygredd dŵr

Denim

Defnydd cotwm cryf sy'n cael ei ddefnyddio ar gyfer jîns, siacedi a dyngarîs yw denim. Mae creu pâr o jîns yn defnyddio tua 3,000 litr (660 galwyn) o ddŵr yn ogystal â llifynnau ac ynni.

Cotwm

Defnydd naturiol yw cotwm sy'n cael ei greu o blanhigyn cotwm. Mae angen llawer o ddŵr a phlaleiddiaid i'w dyfu. Defnyddia rhai cwmnïoedd ffasiwn gotwm sydd wedi'i dyfu'n gynaliadwy.

Ffwr

Er bod ffwr ffug wedi arbed bywydau miloedd o anifeiliaid, mae'n cymryd cannoedd o flynyddoedd iddo bydru. Gall hefyd golli gronynnau plastig a chemegau sy'n achosi llygredd ddŵr.

Lledr

Caiff lledr ei wneud o groen anifeiliaid. Mae magu gwartheg ar gyfer lledr yn creu llawer iawn o fethan, un o'r nwyon tŷ gwydr sy'n achosi cynhesu byd eang.

Problem plastig

Mae ein bywydau'n llawn plastig, o fagiau i boteli i botiau i becynnau. Mae plastig yn ddeunydd defnyddiol, ond mae'n rhaid i ni fod yn gyfrifol am y ffordd rydyn ni'n ei ddefnyddio. Caiff y rhan fwyaf o blastig gwastraff ei anfon i safleoedd tirlenwi, ond nid yw byth yn pydru'n llwyr. Felly, beth allwn ni wneud? Dysga fwy am y mathau o blastig a'r heriau o'u hailgylchu.

Polyethylen Tereffthalad (PET)

PET yw un o'r mathau mwyaf cyffredin o blastig. Caiff ei ddefnyddio'n aml i greu poteli. Gellir ailgylchu PET yn helaeth. Defnyddir y plastig wedi'i ailgylchu i greu pethau fel carpedi a chnuoedd ar gyfer y gaeaf. Mae polyethylen yn blastig arall sy'n cael ei ddefnyddio llawer mewn deunyddiau pecynnu. Fel PET, gellir ailgylchu'r deunydd yma i greu nwyddau plastig newydd.

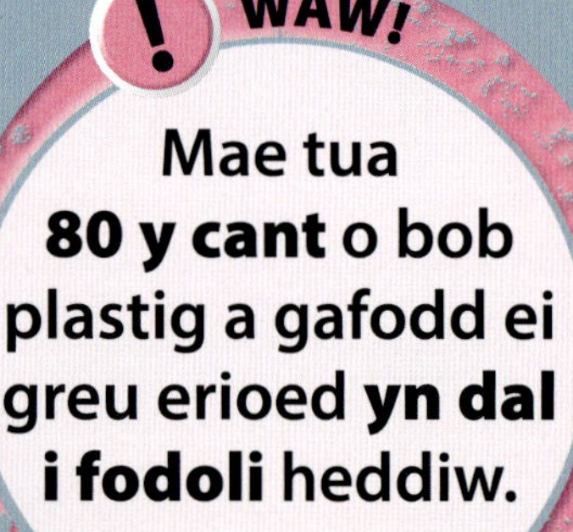

Polystyren (PS)

Caiff llawer o gwpanau yfed, cartonau wyau a phecynnau bwyd eu creu o blastig ysgafn o'r enw PS. Mae'n anodd ei ailgylchu, ac yn briwsioni'n hawdd i greu darnau bychan, niweidiol.

Mae llawer o fwytai'n trio lleihau eu defnydd o bolystyren.

Polypropylen (PP)

Mae PP yn wydn ac yn wrth-ddŵr, ac yn blastig defnyddiol iawn. Caiff ei ddefnyddio ar gyfer eitemau fel basgedi, colandrau, cydrannau ceir, rygiau tu allan a byrddau torri. Am fod ganddo bwynt toddi uchel iawn hefyd, caiff ei ddefnyddio i greu dolenni sosbenni. Mae llawer o ganolfannau ailgylchu'n derbyn PP, ond gwell holi'n gyntaf.

Mae gan ganolfannau ailgylchu reolau gwahanol am dopiau plastig.

Polyfinyl Clorid (PVC)

Ceir PVC mewn deunydd lapio bwyd, cardiau credyd, offer meddygol a phibellau plymio. Mae'n cynnwys cemegau niweidiol ac yn anodd ei ailgylchu, felly mae angen i ni gwtogi ar ein defnydd o PVC.

Achub y moroedd

Mae'r môr, sy'n gorchuddio dwy ran o dair o'r Ddaear, wedi'i droi'n domen sbwriel fwyaf y byd. Caiff miloedd o dunelli o sbwriel eu taflu i'r môr bob blwyddyn, o olew sydd wedi gollwng o dancer a chemegau'n gollwng o'r tir, i garthion dynol a gwastraff plastig, gyda chanlyniadau marwol.

Iechyd dynol

Mae traeth wedi'i orchuddio â gwastraff a sbwriel sy'n pydru yn berygl iechyd i bobl ac i anifeiliaid. Mewn mannau lle mae pobl yn ennill bywoliaeth o dwristiaeth, gall y fath olygfa rwystro twristiaid rhag ymweld.

Cynefinoedd mewn perygl

Caiff cynefinoedd bregus, megis riffiau cwrel, eu dinistrio gan wastraff plastig a gollyngiadau olew. Mae angen dŵr glân ar gwrel i dyfu. Mewn dŵr brwnt, gallan nhw ddal mwy o glefydau.

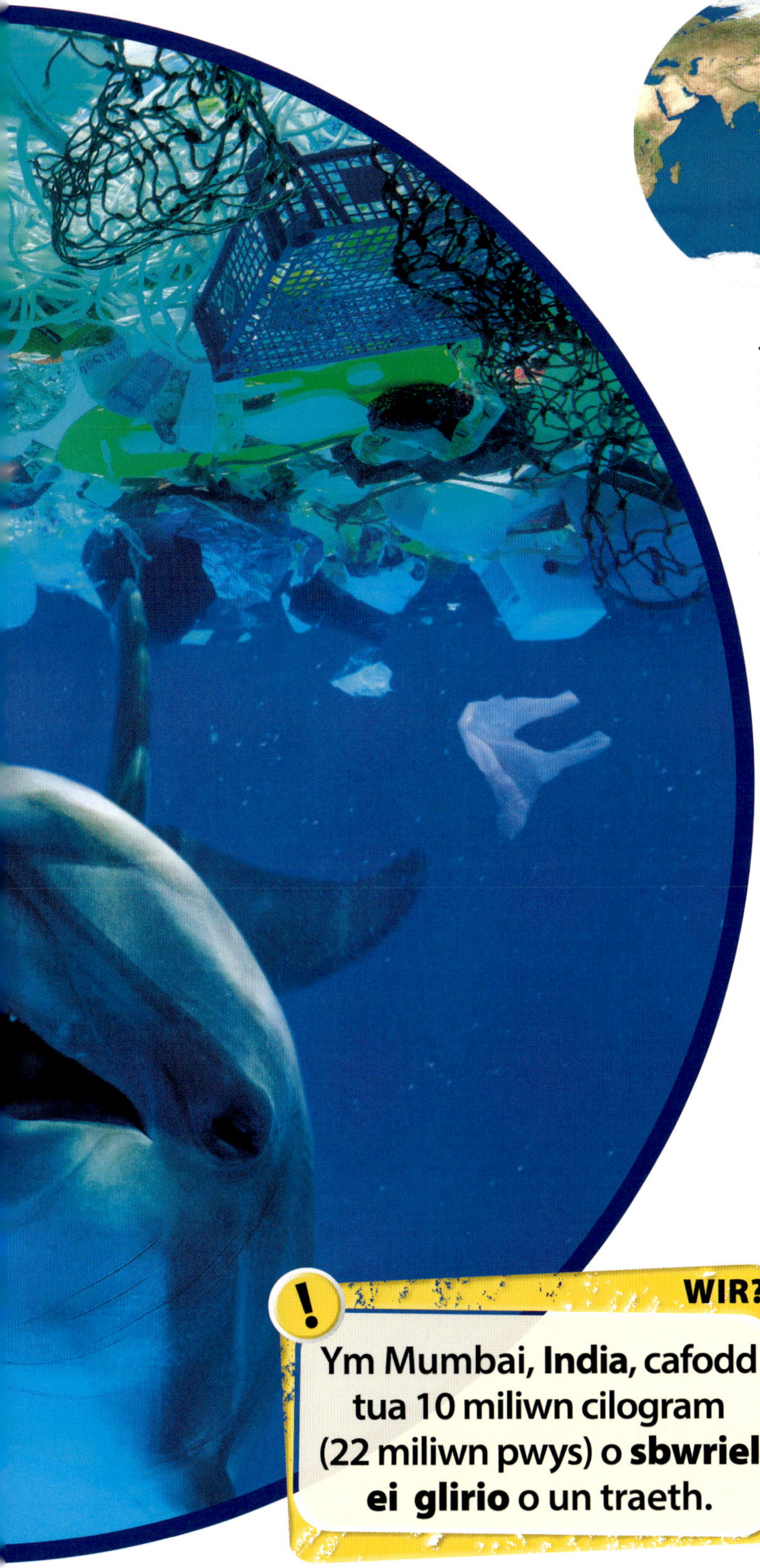

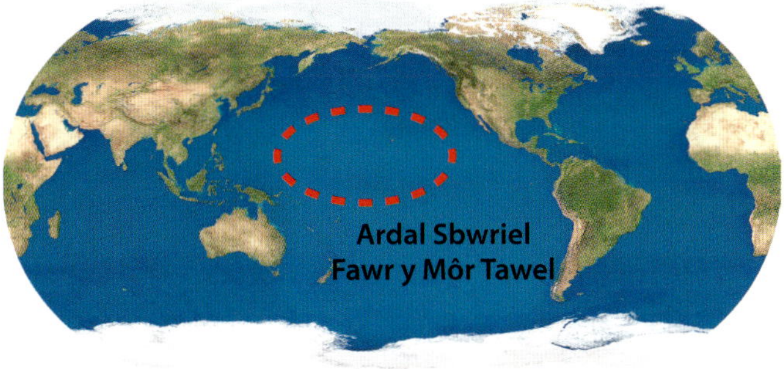

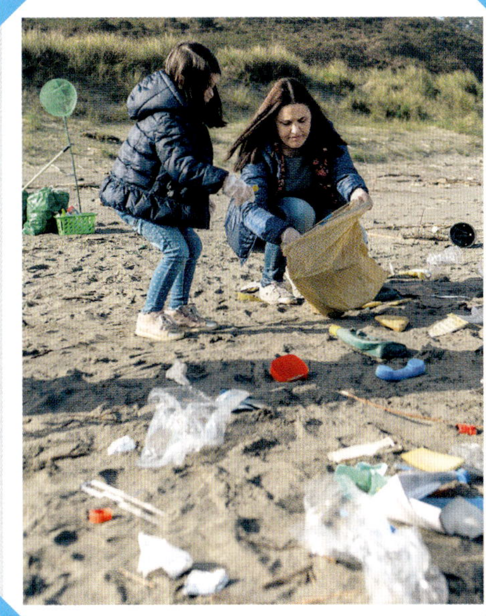

Ardal sbwriel

Mae ardal fawr o sbwriel yng Ngogledd y Môr Tawel. Cyfeirir ati fel Ardal Sbwriel Fawr y Môr Tawel, ac mae'n cynnwys tua 1.8 triliwn darn o blastig a olchwyd yno gan geryntau'r môr.

Sut allwn ni helpu?

Galli di helpu cadw'r moroedd yn iach drwy gymryd rhan mewn ymgyrch glanhau traeth gyda dy deulu. Cofia wisgo menig rwber, a chadw llygad am wydr ac eitemau miniog eraill. Dilyna gyfarwyddiadau'r arweinydd.

! WIR?

Ym Mumbai, **India,** cafodd tua 10 miliwn cilogram (22 miliwn pwys) o **sbwriel ei glirio** o un traeth.

Safleoedd tirlenwi mawr

Tomen anferth yw safle tirlenwi, lle mae sbwriel yn cael ei bentyrru neu ei arllwys i dwll mawr yn y ddaear. Fel yr awgryma'r enw, dyma le mae sbwriel yn llenwi'r tir. Yn y gorffennol, mae mannau fel hen chwareli wedi'u defnyddio ar gyfer tirlenwi. Erbyn heddiw mae mannau addas i greu safleoedd tirlenwi newydd yn prinhau.

Un o ddympiau mwyaf y byd

Safle tirlenwi enfawr yn Indonesia yw Bantar Gebang. Bob dydd, caiff 6,000 tunnell fetrig (6,613 tunnell) o sbwriel ei daflu yno. Mae rhai pobl yn byw ar y safle, yn twrio drwy'r sbwriel i chwilio am bethau i'w gwerthu. Fel arfer mae'r bobl yma'n dlawd iawn ac yn dioddef o lawer o glefydau ac anafiadau o weithio ar y safle tirlenwi.

Anfanteision safleoedd tirlenwi

Ffordd ymarferol o gael gwared ar wastraff yw safleoedd tirlenwi. Caiff llawer eu rheoli'n dda ac mae ganddyn nhw reolau llym am yr hyn y gellir ei dderbyn. Ond mae yna anfanteision a pheryglon.

Peryglon i fodau dynol

Gall safleoedd tirlenwi fod yn berygl iechyd i bobl sy'n byw gerllaw. Mae llygod mawr a bacteria niweidiol yn hoffi magu yno, ac yn gallu effeithio ar bobl.

Bygythiad i anifeiliaid

Yn achos adar ac anifeiliaid eraill, gall safleoedd tirlenwi edrych fel ffynhonnell dda o fwyd. Ond gall anifeiliaid gael eu gwenwyno'n hawdd gan ddeunyddiau gwenwynig neu ddarnau o blastig.

Llygredd dŵr

Wrth i'r sbwriel mewn safleoedd tirlenwi bydru, mae'n creu hylifau gwenwynig o'r enw trwytholch. Os bydd hwn yn gollwng drwy'r pridd, gall lygru dŵr daear a nentydd cyfagos.

Nwyon peryglus

Wrth i'r sbwriel bydru, caiff llawer o nwyon eu rhyddhau. Mae gan rai arogl amhleserus, melys, gludiog, tra bod eraill megis methan a charbon deuocsid yn nwyon tŷ gwydr. Gall methan achosi ffrwydradau.

Defnyddio adnoddau'r Ddaear

Adnodd naturiol yw rhywbeth rydyn ni'n ei ddefnyddio sy'n rhan o fyd natur. Ymysg adnoddau naturiol y Ddaear mae dŵr, tanwydd ffosil, pren a mineralau. Mae'n cymryd miliynau o flynyddoedd i ffurfio rhai adnoddau. Heddiw, rydyn ni'n eu defnyddio nhw'n gynt nag y gallan nhw gael eu hadnewyddu.

Dŵr

Mae dŵr yn hanfodol ar gyfer pobl. Rydyn ni'n ei ddefnyddio ar gyfer yfed, golchi, coginio, glanhau a dyfrio cnydau. Ond dim ond ychydig o ddŵr ffres sydd ar gael. Mae angen i ni stopio gwastraffu cyflenwadau gwerthfawr a meddwl mwy am y ffordd rydyn ni'n defnyddio dŵr.

Tanwyddau ffosil

Mae tanwyddau ffosil yn cynnwys glo, olew a nwy naturiol. Ffurfiwyd nhw filiynau o flynyddoedd yn ôl o blanhigion mân ac anifeiliaid. Rydyn ni'n llosgi llawer iawn o danwyddau ffosil bob dydd mewn ceir, cartrefi a ffatrïoedd.

Adfer adnoddau o wastraff

Mae adnoddau'r Ddaear yn dirwyn i ben yn gyflym. Mae angen i ni gwtogi faint rydyn ni'n ei ddefnyddio. Drwy ailgylchu gwastraff fel papur, gallwn leihau'r angen am ddeunyddiau crai ac am ynni.

Poteli plastig, tuniau a chardbord yw rhai o'r pethau eraill rydyn ni'n eu hailgylchu.

Pren

Roedd mwy na hanner y tir wedi'i orchuddio â choedwigoedd ar un adeg. Heddiw, llai na hanner ohonyn nhw sydd ar ôl. Ledled y byd, mae coedwigoedd yn cael eu torri i lawr a'u clirio, i gynaeafu pren, casglu adnoddau eraill a darparu tir ar gyfer ffermio.

Mineralau

Ceir mineralau mewn creigiau, fel arfer yn ddwfn o dan y ddaear. Maen nhw'n cynnwys gemau gwerthfawr, megis diamwntau, a metelau gwerthfawr megis aur. Gall mwyngloddio mineralau niweidio'r amgylchedd.

Problem llygredd

Llygredd yw pan fydd yr amgylchedd yn cael ei niweidio neu'n cael ei wneud yn frwnt gan rywbeth niweidiol. Gall llygredd ddigwydd mewn dŵr, ar dir ac yn yr awyr. Mae'n beryglus i bobl ac anifeiliaid. Daw o ffatrïoedd a gweithgareddau eraill, fel gyrru car neu daflu sbwriel.

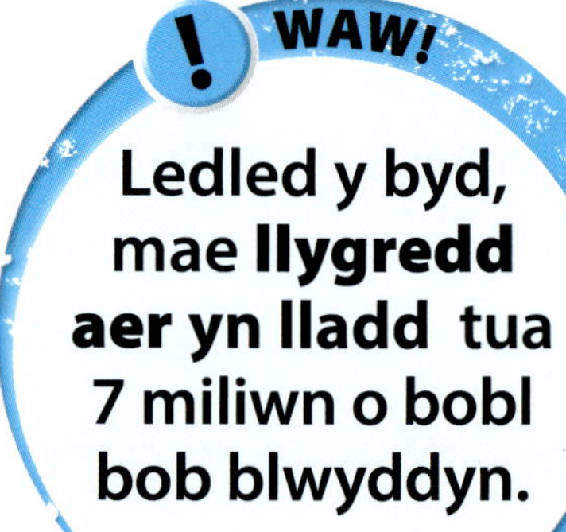

Mae deunyddiau gwahanol mewn tomenni'n cynnwys gwenwyn.

Llygredd tir

Gall cemegau ollwng i mewn i'r pridd mewn safleoedd tirlenwi. Gall cemegau gwenwynig sy'n cael eu defnyddio mewn ffatrïoedd ac ar ffermydd gasglu yn y ddaear hefyd. Mae glaw yn eu golchi o'r pridd i mewn i afonydd ac i'r môr.

Llygredd dŵr

Gall afonydd, llynnoedd, pyllau dŵr a moroedd gael eu llygru hefyd gan garthion, sbwriel, cemegau ac olew. Mae olew, sy'n gollwng o bibau neu dancer, yn broblem fawr yn y môr. Mae'n glynu wrth adar ac anifeiliaid y môr ac yn eu lladd.

Mae dŵr wedi'i lygru wedi dinistrio cynefin yr hwyaden yma.

Llygredd aer

Daw'r rhan fwyaf o lygredd aer o losgi tanwyddau ffosil mewn ceir, gorsafoedd pŵer a ffatrïoedd. Caiff nwyon gwenwynig, lludw a pharddu eu rhyddhau i'r aer, gan achosi problemau anadlu i rai pobl.

Gall mwg gynnwys nifer o gemegau niweidiol gwahanol.

Mae peiriannau awyrennau yn achosi llygredd sŵn.

Llygredd sŵn

Alli di ddim gweld llygredd sŵn, ond gall fod yn niweidiol. Gall synau uchel iawn yn ystod y nos dy rwystro di rhag cysgu, a gwneud i ti deimlo'n bryderus. Ar y môr, gall sŵn llongau darfu ar ymddygiad anifeiliaid.

Llygredd golau

Gall goleuadau llachar dinasoedd yn y nos amharu ar anifeiliaid a phobl fel ei gilydd. Gall y goleuadau ddrysu adar mudol sy'n hedfan dros ddinasoedd, a chrwbanod bach yn deor ar draethau.

Un effaith llygredd golau yw ei fod yn ei gwneud hi'n fwy anodd gweld sêr yn y nos.

Y criw nwyon tŷ gwydr

Haen o nwyon sy'n gorchuddio'r Ddaear yw'r atmosffer. Mae rhai o'r nwyon yma'n dal gwres yr Haul, gan gadw'r Ddaear yn gynnes. Mae gweithgareddau dynol yn ychwanegu mwy o'r nwyon yma, gan achosi i dymheredd y Ddaear godi.

Cynhesu byd-eang

Mae cynnydd mewn nwyon tŷ gwydr yn gwneud i'r Ddaear gynhesu. Mae mwy o wres yn cael ei ddal gan y nwyon. Mae hyn yn arwain at newidiadau yn yr hinsawdd ledled y byd, ac yn achosi mwy o dywydd eithafol.

Gorlifo ar hyd arfordir Bangladesh

Iâ'n toddi yn yr Ynys Las

Nwyon tŷ gwydr

Mae nwyon tŷ gwydr yn dal gwres, yn union fel y gwydr mewn tŷ gwydr. Maen nhw'n cadw'r Ddaear ar yr union dymheredd cywir. Ymysg y nwyon "tŷ gwydr" yma mae carbon deuocsid, methan ac osôn.

Adlewyrchu ynni
Caiff peth o ynni'r Haul ei amsugno. Ond caiff llawer ohono ei adlewyrchu'n ôl i'r atmosffer fel gwres.

Caiff ychydig o'r ynni ei ddal gan nwyon tŷ gwydr. Mae'n cynhesu ac yna'n mynd 'nôl i'r Ddaear.

Mae nwyon tŷ gwydr yn dal ychydig o'r ynni sy'n cael ei adlewyrchu'n ôl i'r Ddaear.

! WAW!

Petai'r Ddaear yn cynhesu o 1.5°C (35°F), gallai tua un rhan o dair rhywogaeth farw.

Ynni adnewyddol

Daw'r rhan fwyaf o'r ynni rydyn ni'n ei ddefnyddio i gynhesu a phweru ein cartrefi, ysgolion a ffatrïoedd o danwyddau ffosil (glo, olew a nwy). Mae'r tanwyddau yma'n dirwyn i ben yn gyflym, ac mae pobl yn edrych am ffynonellau eraill o ynni sy'n adnewyddol, sy'n golygu y gellir eu creu drosodd a thro.

Ynni gwynt

Mae tyrbinau gwynt, fel y rhain yng Nghaliffornia, UDA, yn dal ynni'r gwynt, ac yn ei droi'n drydan. Fferm wynt yw'r enw ar grŵp mawr o dyrbinau gwynt.

Ynni dŵr

Caiff argae ei hadeiladu i rwystro afon fel bod dŵr yr afon yn ffurfio llyn y tu ôl iddi. Caiff y dŵr lifo wedyn drwy bibellau gan droi tyrbinau i greu trydan.

Ynni'r haul

Mae'r Haul yn rhyddhau llawer iawn o ynni. Gall paneli solar gael eu defnyddio i droi ychydig o'r ynni yma'n uniongyrchol yn drydan, neu gellir eu defnyddio i gynhesu dŵr ar gyfer cartrefi pobl.

Ynni geothermol

Islaw crwst y Ddaear, mae craig hylifol boeth. Gellir defnyddio dŵr sy'n cael ei gynhesu gan y graig boeth hon i gynhesu ac oeri adeiladau, neu i gynhyrchu trydan.

Ynni biomas

Biomas yw unrhyw ddeunydd o blanhigion neu anifeiliaid sy'n cael ei losgi fel tanwydd ar raddfa fawr neu fechan. Mae'n cynnwys pren, planhigion megis olew hadau rêp, a thail camelod ac anifeiliaid eraill.

Ynni tonnau

Er mwyn casglu ynni o'r llanw, caiff gwahanfur hir ei adeiladu yn y môr. Bydd y dŵr llanw'n rhuthro drwy'r tyrbinau yn y gwahanfur i greu trydan.

Oes gwir angen hwn arna i?

Mae gofod ar gyfer yr holl sbwriel rydyn ni'n ei greu yn mynd yn fwy prin, ac mae'n niweidio'r amgylchedd. Felly beth allwn ni ei wneud? Mae tri cham i'w dilyn er mwyn cael llai o wastraff: lleihau – peidio prynu cymaint o bethau; ailddefnyddio – defnyddio pethau eto; ailgylchu – troi pethau'n rhywbeth newydd er mwyn arbed deunyddiau, dŵr ac ynni.

Oes angen cyllyll a ffyrc tafladwy arna i ar gyfer picnic?

Nac oes. Yn enwedig os wyt ti ond yn eu defnyddio unwaith ac yn eu taflu i ffwrdd. Defnyddia gyllyll a ffyrc y gellir eu hailddefnyddio neu ailgylchu – felly hefyd platiau, bowlenni a gwellt yfed.

Oes angen papur lapio arna i?

Dim mewn gwirionedd. Defnyddia bapur newydd yn lle hynny! O brynu papur lapio, dewisa'r math y gellir ei ailgylchu. Does dim modd gwneud hynny gydag ambell bapur sgleiniog.

Oes angen bag plastig newydd arna i o'r archfarchnad?

Na. Cofia fynd â dy fag defnydd dy hun neu fag y gellir ei ailddefnyddio gyda ti. Gellir defnyddio'r rhain sawl gwaith eto.

Oes angen i mi gael gwared ar fy holl hen bethau?

Nac oes. Mae llawer o bethau y galli di ei wneud â nhw yn lle hynny. Beth am eu rhoi i siop elusen i rywun arall eu prynu a'u defnyddio, neu gynnal arwerthiant bwrdd?

Oes angen i fi deithio i'r ysgol mewn car?

Dim ond os wyt ti'n byw'n bell i ffwrdd. Gall cerdded neu feicio'n ddiogel helpu i leihau traffig a llygredd aer, a'th gadw di'n heini ac yn iach!

Oes angen i fi daflu poteli gwag i ffwrdd?

Na yw'r ateb, unwaith eto! Gall llawer o boteli plastig a gwydr gael eu hailgylchu, neu galli di eu troi nhw'n rhywbeth artistig neu eu hailddefnyddio fel cynwysyddion i storio pethau.

Oes angen i fi gymryd rhan mewn ymgyrchoedd ailgylchu?

Oes! Byddi di'n helpu i lanhau'r blaned ac yn cael sbort ar yr un pryd. Gofynna i dy athro neu athrawes os allwch chi sefydlu ymgyrch ailgylchu yn yr ysgol – cei dy synnu â'r canlyniadau! Paid ag anghofio ailgylchu gartref hefyd.

Gwaith celf o sbwriel

Ledled y byd, mae artistiaid a cherflunwyr yn troi sbwriel i fod yn gelfyddyd. Ar wahân i greu darnau anarferol a thrawiadol, mae eu gwaith hefyd yn helpu i godi ymwybyddiaeth o broblemau rheoli gwastraff, ac ailddefnyddio ac ailgylchu deunyddiau.

Gabriel Dishaw, UDA
Cyfaddefodd Dishaw iddo dwrio drwy finiau sbwriel er mwyn dod o hyd i ddarnau diwerth ar gyfer ei brosiectau. Mae'n tynnu hen deipiaduron a pheiriannau'n ddarnau ac yna'n eu rhoi at ei gilydd eto.

Cafodd y llew hwn ei greu o 1,500 cilogram (3,307 pwys) o hen ddarnau ceir.

Haribaabu Naatesan, India
Mae Naatesan yn creu cerfluniau anhygoel o geir, pryfed anferth ac eitemau eraill o ddarnau o sgrap electronaidd a hen ddarnau ceir.

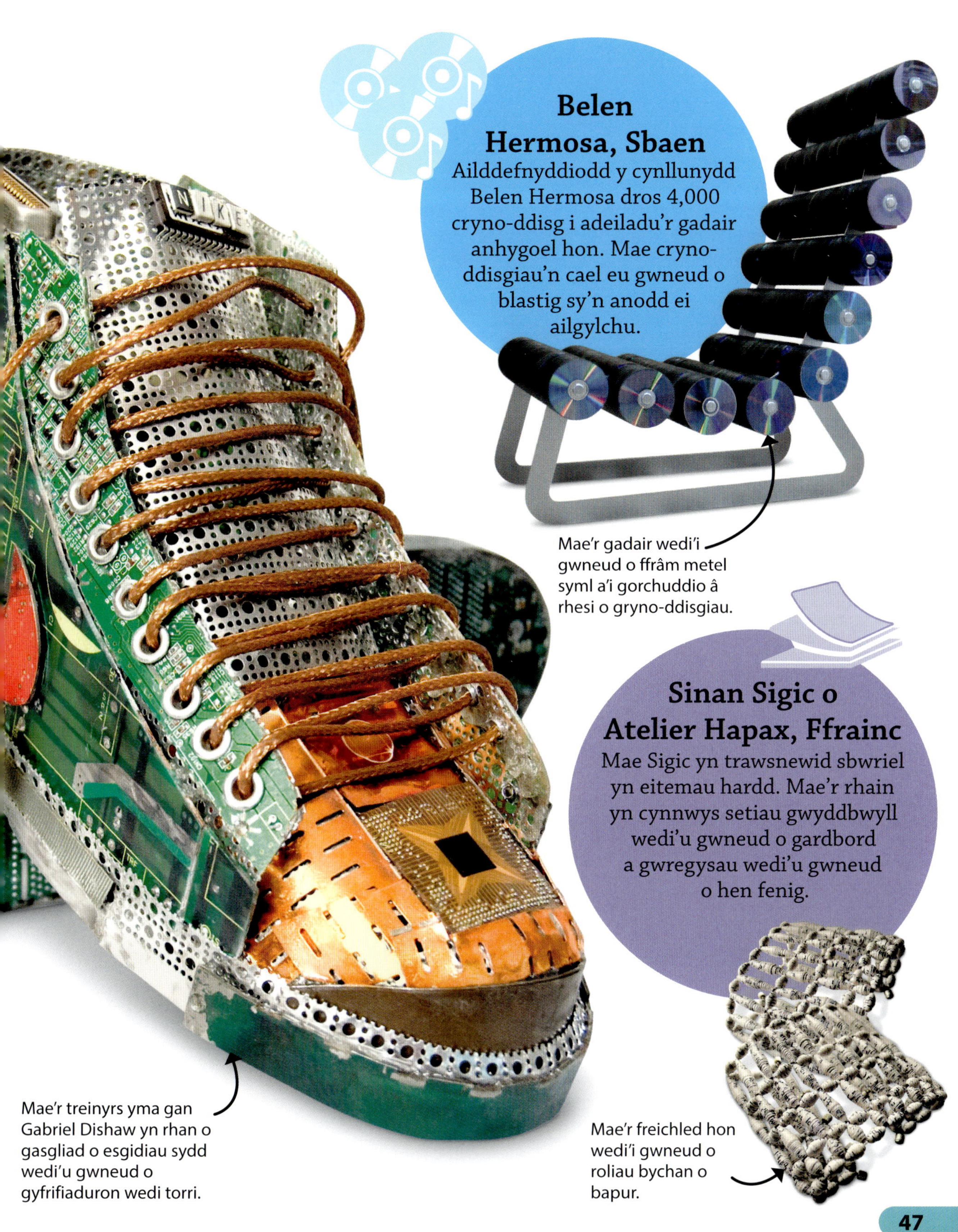

Belen Hermosa, Sbaen

Ailddefnyddiodd y cynllunydd Belen Hermosa dros 4,000 cryno-ddisg i adeiladu'r gadair anhygoel hon. Mae cryno-ddisgiau'n cael eu gwneud o blastig sy'n anodd ei ailgylchu.

Mae'r gadair wedi'i gwneud o ffrâm metel syml a'i gorchuddio â rhesi o gryno-ddisgiau.

Sinan Sigic o Atelier Hapax, Ffrainc

Mae Sigic yn trawsnewid sbwriel yn eitemau hardd. Mae'r rhain yn cynnwys setiau gwyddbwyll wedi'u gwneud o gardbord a gwregysau wedi'u gwneud o hen fenig.

Mae'r treinyrs yma gan Gabriel Dishaw yn rhan o gasgliad o esgidiau sydd wedi'u gwneud o gyfrifiaduron wedi torri.

Mae'r freichled hon wedi'i gwneud o roliau bychan o bapur.

Cegin sero-wastraff

Mewn rhai gwledydd, mae pobl yn ei chael hi'n anodd dod o hyd i ddigon o fwyd i'w fwyta. Mewn gwledydd eraill, caiff miliynau o dunelli o fwyd eu gwastraffu bob blwyddyn. Gallwch droi eich cegin yn barth sero-wastraff drwy brynu llai o fwyd yn y lle cyntaf, ailddefnyddio'r hyn sydd dros ben os yw'n bosibl, a thaflu llai o fwyd i ffwrdd.

Llaeth ceirch

Wrth wneud dy laeth ceirch dy hun, bydd llawer o fwydion ceirch gennyt ar ôl. Bwyta'r mwydion fel uwd neu ei ddefnyddio i wneud myffin neu gacen.

Llaeth ceirch

Teimla'r bara i weld os yw wedi caledu.

Bara sych

Os nad yw wedi llwydo, gellir defnyddio bara sych i wneud crwtonau crensiog a briwsion bara, pwdin bara neu dost Ffrengig. Gellir rhewi bara sych a'i ddefnyddio rywbryd eto.

Briwsion bara

Coffi mâl wedi'i ddefnyddio

Mae'n bosibl ysgeintio coffi mâl o gwmpas planhigion yr ardd i'w helpu i dyfu. Gall hefyd greu deunydd i sgwrio a llyfnu croen y corff. Defnyddia hwn i olchi dy groen mewn bath cynnes.

Sgrwbiwr coffi

1 **Pryna lai** Paid â phrynu gormod. Dos i'r siop yn aml a phrynu ychydig ar y tro, fel nad wyt ti'n gorfod taflu llawer i ffwrdd.

2 **Sylwa ar ddyddiadau** Er mwyn osgoi gwastraff bwyd, defnyddia'r bwyd cyn iddo fynd yn rhy agos at ei ddyddiad defnyddio.

3 **Defnyddia'r cynwysyddion cywir** Storia fwyd yn gywir. Gall hyn ei helpu i gadw'n ffres a phara'n hirach.

4 **Bydd yn daclus** Cadw dy oergell a'th gypyrddau'n drefnus. Dylet wybod beth sydd ei angen arnat ti a beth sydd ddim.

Cacen fanana

Bananas brown

Er nad yw bananas sydd wedi goraeddfedu'n edrych yn apelgar, paid â'u taflu i'r bin. Maen nhw'n dal yn flasus o'u troi'n gacen neu'n hufen iâ banana.

Mae bananas goraeddfed yn berffaith mewn smŵddis.

Hufen iâ banana

Cawl

Caws dros ben

Gratia unrhyw gaws dros ben a'i ychwanegu i dy hoff gawl, neu'i droi'n saws blasus ar gyfer pasta. Defnyddia gymysgedd o wahanol gawsiau os oes sawl darn bach gyda ti ar ôl.

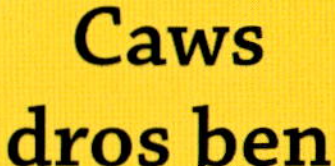
Saws tomato

Crafion ffrwythau a llysiau

Tro grafion llysiau'n greision crensiog drwy ysgeintio olew drostyn nhw a'u coginio yn y ffwrn. Mae crafion a chalonnau afal yn gwneud te afal blasus. Galli wneud saws tomato o domatos goraeddfed ar gyfer pasta.

Mae caws wedi'i gratio'n flasus ar ddarn o dost hefyd.

Te afal

Addurna bryd bwyd â blodyn crafion oren.

Creu pridd o sborion

Os oes gyda ti wastraff o'r gegin neu'r ardd, paid â'i daflu i ffwrdd. Gellir defnyddio crafion ffrwythau a llysiau, bagiau te, hen flodau, a thoriadau porfa i gyd i greu cymysgedd o'r enw "compost". Gellir taenu'r compost wedyn ar welyau blodau a'i gymysgu i mewn i'r pridd i helpu planhigion i dyfu.

1. Dewisa le sych a chysgodol

Rho'r bin compost ar bridd moel â thraeniad da, fel y gall dŵr dros ben ddianc o'r bin. Dewisa fan cynnes, ond allan o'r haul.

2. Ychwanega haenau bychain

Dechreua lenwi dy fin. Ychwanega haenau o ddeunydd "gwyrdd" (fel chwyn, porfa a chrafion ffrwythau) a deunydd "brown" (bocsys wyau, bagiau papur a gwlân).

3. Cadwa'r compost yn llaith, ond ddim yn wlyb

Ysgeintia ddŵr dros bob haen wrth i ti eu hychwanegu. Dylet hefyd ddyfrio'r compost os yw'n dechrau sychu'n grimp. Dylid cadw'r compost yn llaith, ond ddim yn wlyb.

6. Mae'r compost yn barod

Dalia ati nes bod y cymysgedd ar waelod y bin yn edrych yn dywyll a briwsionllyd, fel pridd. Mae'r compost yn barod i'w ddefnyddio.

5. Mae'r pentwr yn cynhesu

Wrth i'r cymysgedd bydru, mae'n bosib y bydd dy bentwr compost yn dechrau cynhesu. Efallai y bydd stêm yn codi o'r top hefyd.

4. Tro'r cymysgedd o bryd i'w gilydd

Tro'r cymysgedd â rhaw am yn ail wythnos. Bydd hyn yn ychwanegu aer, ac yn annog bacteria i bydru'r cymysgedd.

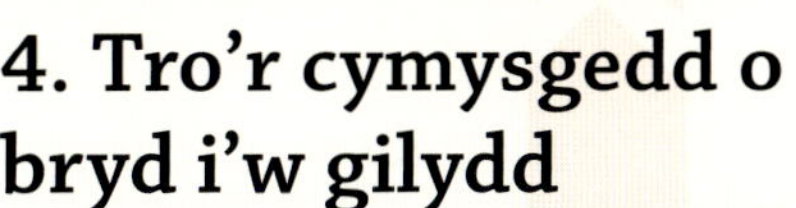

Ffyrdd o gompostio

Mae biniau compost yn ddefnyddiol i gadw popeth mewn un lle. Os nad oes bin gyda ti, beth am bentyrru'r deunydd compostio mewn cornel yn yr ardd?

Mae biniau'n cadw deunydd compostio'n daclus.

Golchi'n gall

Os nad yw dy ddillad yn frwnt iawn, golcha nhw ar wres isel yn y peiriant olchi. Mae cynhesu dŵr ar gyfer golchi dillad yn defnyddio llawer o ynni.

Cartrefi ynni-effeithlon

Mae cartrefi'r mwyafrif ohonom yn gwastraffu llawer o drydan, dŵr a gwres bob dydd. Yn ffodus, mae ffyrdd syml ac ymarferol o wneud eich cartref yn fwy ynni-effeithlon.

Bylbiau gwell

Beth am newid i ddefnyddio bylbiau golau ynni-effeithlon? Nid yn unig maen nhw'n defnyddio hyd at 80 y cant yn llai o ynni na bylbiau cyffredin, maen nhw hefyd yn para'n hirach.

Trwsio tapiau

Gall tap sy'n gollwng dŵr yn dy sinc neu fath, neu gawod sy'n gollwng, wastraffu miloedd o litrau o ddŵr bob blwyddyn. Gall trwsio tap arbed dŵr gwerthfawr a chadw biliau dŵr yn is.

Mae'n bwysig bod yn ymwybodol o wastraff dŵr a thrwsio tapiau sy'n gollwng cyn gynted â phosibl.

Cartrefi eco

Anghofia am friciau. Mae rhai cartrefi ecogyfeillgar wedi'u hadeiladu o ddeunyddiau naturiol anarferol neu rai wedi'u huwchgylchu, fel byrnau gwellt neu gynwysyddion llongau.

Cartref wedi'i greu o gynwysyddion llongau yn Alaska

Tŷ'n cael ei adeiladu o fyrnau gwellt

Insiwleiddio waliau

Caiff llawer o wres ei golli drwy waliau, yn enwedig mewn hen dai. Math arbennig o badin yw insiwleiddio sy'n helpu cadw'r gwres i mewn.

Gall insiwleiddio gael ei greu o ddeunyddiau gwastraff wedi'u hailgylchu.

Diffodd pethau

Gwna'n siŵr dy fod yn diffodd goleuadau, cyfrifiaduron a'r teledu pan fyddi di ddim yn eu defnyddio. A chofia fod gadael pethau mewn modd segur yn defnyddio bron cymaint o drydan â phan maen nhw wedi'u troi ymlaen.

Cerbyd hynod Mr Trash Wheel

Peiriant gwerthu'n rhoi arian am sbwriel

Meddwl tu hwnt i sbwriel

Mae'r holl sbwriel yna'n pentyrru, ond dydy hi ddim yn rhy hwyr i weithredu a glanhau ein planed. Mae technoleg newydd ar gyfer trin sbwriel yn cael ei ddatblygu o hyd. Dyma rai o'r ffyrdd diddorol mae gwledydd ledled y byd yn lleihau ac yn ailgylchu gwastraff.

Sweden oedd un o'r gwledydd cyntaf i ystyried o ddifri troi sbwriel yn drydan. Mewn gwirionedd, roedd eu technoleg gystal nes iddyn nhw redeg allan o'u gwastraff eu hunain, a gorfod dechrau mewnforio sbwriel.

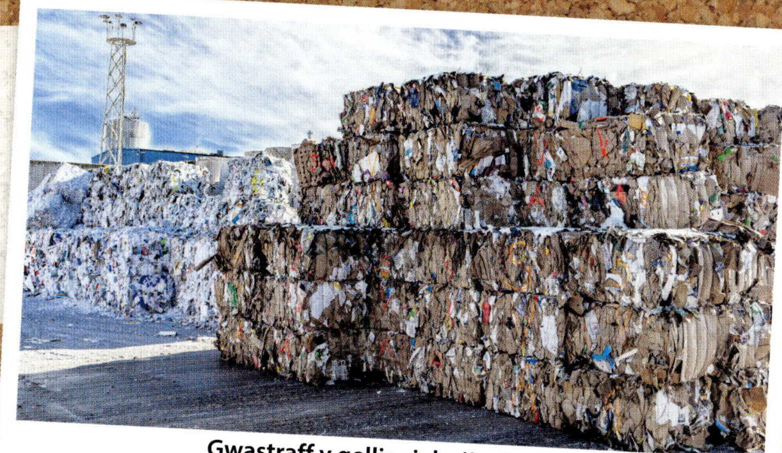
Gwastraff y gellir ei droi'n drydan

Sbwriel ar gyfer moddion

Ceir cynllun ardderchog yn Indonesia sy'n rhoi cyfle i bobl gyfnewid sbwriel y gellir ei ailgylchu a chael gofal meddygol yn ei le. Caiff pobl eu cynghori pa eitemau i'w casglu, a ble i fynd â nhw i'w gwerthu.

Cyfnewidfa gofal iechyd

Papur o garthion

Yn hytrach na chreu papur o bren, beth am ddefnyddio baw anifeiliaid? Gall baw eliffantod, gwartheg, ceffylau neu asynnod gael ei droi'n bapur ecogyfeillgar, diarogl!

Nwyddau papur baw eliffant

Biniau clyfar

Gall biniau clyfar yn Awstralia ddal pum gwaith yn fwy o sbwriel na bin cyffredin. Mae'r biniau'n cywasgu'r gwastraff, ac mae synwyryddion yn canu i ddangos bod y biniau'n llawn.

Biniau clyfar

Holi'r arbenigwr

Dyma holi ambell gwestiwn i Sana Ahmed, myfyrwraig ymchwil yn y Brifysgol Agored yn y DU. Mae hi'n gwneud gwaith ymchwil i beryglon gwastraff domestig.

C: Beth oedd yn eich ysbrydoli pan oeddech chi'n blentyn?

A: Cefais fy magu ym Mhacistan. Pan oeddwn i'n ifanc iawn roedd gennyf ddiddordeb naturiol mewn dysgu pethau newydd a datrys problemau. Rwy wedi bod wrth fy modd â darganfyddiadau erioed, ac rwy'n awyddus iawn i helpu eraill. Fe wnes i fwynhau astudio bioleg (y corff dynol) a microbioleg (pethau byw bychan iawn) yn yr ysgol a'r brifysgol. Rwy wedi parhau i ddatblygu'r diddordebau yma ac fe arweiniodd fy ymchwil am wybodaeth fi i'r DU gan ddod yn fyfyrwraig ymchwil PhD.

Gwyddonwyr yn cydweithio mewn labordy sy'n debyg i'r un lle mae Sana'n gwneud ei harbrofion.

C: Beth ydych chi'n astudio yn y brifysgol?

A: Rwy'n ymchwilio i beryglon gwastraff bwyd a'r effaith ar iechyd. Rwy'n astudio'r micro-organebau awyrol bychain y gall gwastraff bwyd eu rhyddhau. Gellir eu hanadlu i mewn neu eu hamlyncu drwy'r geg neu'r trwyn. Mae fy ymchwil i'n ystyried sut mae hyn yn effeithio ar iechyd pobl gartref drwy'r defnydd o finiau gwastraff, casglwyr sbwriel yn casglu bagiau bwyd, a gweithwyr ar safleoedd gwastraff yn gwaredu'r sbwriel.

C: Beth yw'r peth gorau am wneud eich ymchwil?

A: Does neb wedi gwneud y math yma o ymchwil o'r blaen, felly bydd fy nghanfyddiadau'n unigryw. Mae'n ddiddorol edrych hefyd ar beth sy'n digwydd y tu fewn i finiau gwastraff bwyd ac ymchwilio i'r modd y gall fod yn berygl i iechyd.

C: Disgrifiwch ddiwrnod gwaith arferol.

A: Mae bob diwrnod yn wahanol, ond fel arfer rwy'n treulio amser yn y labordy, sef ystafell â llawer o offer gwyddonol arbennig. Mae fy niwrnod arferol yn y labordy'n cynnwys

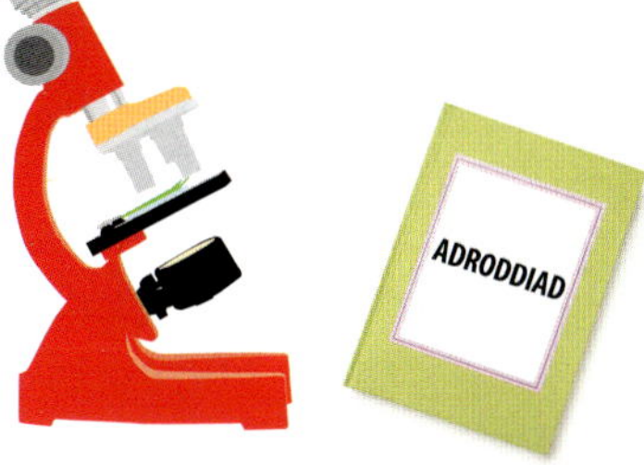

cynllunio a chynnal arbrofion, dadansoddi data a mynychu cyfarfodydd.

C: Pa offer fyddwch chi'n ei ddefnyddio i ganfod peryglon gwastraff bwyd?

A: Rwy'n defnyddio clorian i bwyso deunyddiau ar gyfer arbrawf. Rwy'n gosod casglwr sampl arbennig o fewn bin gwastraff bwyd (o dan y caead). Mae'n casglu gronynnau awyrol bychan o wastraff bwyd mewn hidlydd. Byddaf yn edrych ar y samplau yma o dan feicroscôp wedyn mewn lwfer llif laminaidd (peiriant aerdymheru bychan glân iawn sydd bron yn ddi-lwch). Rwy'n storio samplau mewn oergell neu rewgell. Rwy hefyd yn defnyddio deorydd, sef peiriant sy'n cadw pethau ar wres penodol. Mae hefyd yn fy ngalluogi i astudio gwastraff bwyd ar dymereddau amrywiol.

Sanna yn didoli ei gwastraff bwyd gartref

ac yn cynnig arweiniad. Mae technegwyr gweithgar yn gofalu am yr offer labordy ac yn fy helpu pan fyddaf i'n gweithio yno.

C: Beth yw eich gobaith i'r dyfodol?

A: Rwy'n credu y bydd fy ymchwil yn helpu pobl sy'n gweithio yn y diwydiant gwastraff. Gwastraff bwyd yw'r drydedd ffynhonnell fwyaf o allyriadau nwyon tŷ gwydr ac mae'n cyfrannu at gynhesu byd-eang. Rwy'n gobeithio y gall fy ymchwil helpu i gynnig syniadau newydd am sut i drin gwastraff bwyd er mwyn helpu i arafu newid hinsawdd.

C: Gyda phwy rydych chi'n gweithio?

A: Mae gennyf gydweithwyr sy'n fy helpu gyda'r ymchwil. Mae gennyf athrawon hefyd sy'n rhoi adborth i fi

Sana'n mynd allan â'i sbwriel tŷ i'w gasglu gan lorri sbwriel

Ffeithiau a ffigurau

Faint o sbwriel mae pobl yn Efrog Newydd yn ei daflu i ffwrdd bob dydd? Faint o ynni sy'n cael ei arbed wrth ailgylchu plastig? Faint o amser sydd ei angen ar glytiau babanod i bydru? Dyma'r atebion a ffeithiau eraill am sbwriel.

Cynhyrchu a gwerthu dillad yn y DU yw'r pedwerydd peth mwyaf niweidiol o hyd o ran defnyddio adnoddau naturiol. Tai, trafnidiaeth a bwyd yw'r tri cyntaf.

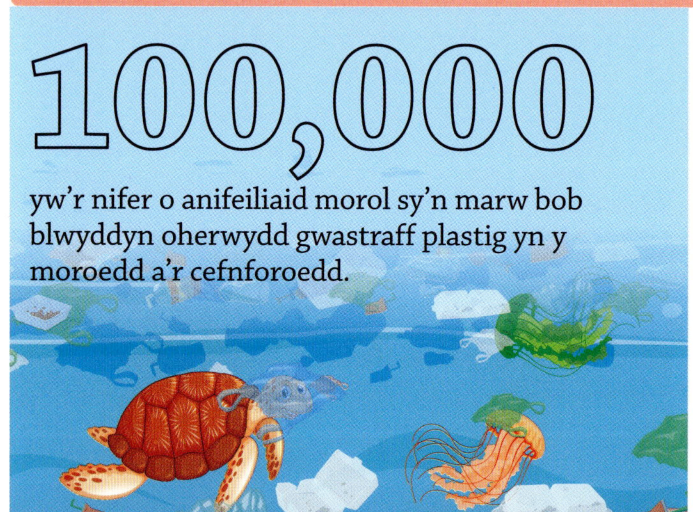

100,000

yw'r nifer o anifeiliaid morol sy'n marw bob blwyddyn oherwydd gwastraff plastig yn y moroedd a'r cefnforoedd.

500 MLYNEDD

yw'r amser sydd ei angen ar glytiau untro babanod i ddadelfennu'n llwyr.

Mae AILGYLCHU plastig yn arbed ddwywaith cymaint o **ynni** â'i losgi.

MAE AILGYLCHU PENTWR **1 M (3 TR)** O BAPUR NEWYDD YN **ARBED UN GOEDEN**.

Gall bag sbwriel yn llawn gwastraff cegin **greu** digon o ynni i oleuo **bwlb 15 W LED am fwy na chwe diwrnod**.

53 miliwn tunnell fetrig (59 miliwn tunnell) yw cyfartaledd y gwastraff electronig byd-eang sy'n cael ei greu bob blwyddyn.

4.5 miliwn tunnell fetrig (5 miliwn tunnell) o fwyd bwytadwy sy'n cael ei daflu i ffwrdd yn y DU bob blwyddyn.

Geirfa

Dyma ystyr rhai o'r geiriau sy'n ddefnyddiol i ti eu gwybod wrth ddysgu am sbwriel.

adnewyddol (ynni) Ynni sy'n cael ei greu o ffynhonnell sy'n cael ei hadnewyddu'n naturiol ac na fydd yn dirwyn i ben, megis ynni gwynt, solar, morol, neu geothermol

allgyrchydd Peiriant â chynhwysydd sy'n troi'n gyflym iawn fel bod ei gynnwys yn troi hefyd

amlyncu Pan fydd rhywbeth yn cael ei dynnu i mewn i'r corff drwy'r geg neu'r trwyn

arbrawf Math o brawf gwyddonol, sy'n cael ei gynnal mewn labordy

archeolegwyr Pobl sy'n astudio hanes dynol drwy edrych ar safleoedd ac arteffactau hynafol

arteffactau Eitemau sydd wedi'u cynhyrchu gan fodau dynol, amser maith yn ôl fel arfer

artiffisial Rhywbeth wedi'i greu gan fodau dynol yn hytrach na rhywbeth sy'n digwydd yn naturiol

atmosffer Haen drwchus o nwyon sy'n amgylchynu'r Ddaear ac yn amddiffyn y blaned rhag pelydrau'r Haul

awyrol Rhywbeth sy'n cael ei gludo gan yr aer

bacteria Pethau byw microsgopig, sy'n gallu achosi afiechydon weithiau

bioddiraddadwy Rhywbeth sy'n gallu cael ei bydru gan facteria neu bethau byw eraill

biodanwydd Tanwydd sy'n cael ei greu o fiomas

biomas Deunyddiau sydd wedi'u creu o organebau byw, megis anifeiliaid a phlanhigion

caeau padi Caeau dan ddŵr lle mae reis yn cael ei dyfu

carbon deuocsid Nwy di-liw sy'n bresennol yn ein hatmosffer ac sy'n cael ei amsugno gan blanhigion. Caiff ei ryddhau hefyd drwy losgi tanwydd ffosil. CO_2 yw ei symbol

cnawd Rhan feddal ffrwyth

cyfryngau Ym maes gwyddoniaeth, sylweddau y mae celloedd yn byw ynddyn nhw neu'n cael eu tyfu arnyn nhw

cynaliadwy Cael ei wneud mewn ffordd sy'n cyflenwi anghenion pobl heddiw, heb niweidio gallu cenedlaethau'r dyfodol i gyflenwi'u hanghenion

cynefin Cartref naturiol anifail neu blanhigyn

cynhesu byd-eang Cynnydd mewn tymheredd byd-eang sy'n cael ei achosi gan yr effaith tŷ gwydr

defnydd sengl Rhywbeth sy'n cael ei ddefnyddio unwaith yn unig ac yna'i daflu i ffwrdd neu'i ddinistrio

dyddiad gwerthu Dyddiad sy'n cael ei nodi ar fwyd sy'n dangos y dyddiad erbyn pryd y dylid ei werthu

dŵr daear Dŵr tanddaearol sydd mewn pridd neu greigiau

generadur Peiriant sy'n troi ynni mecanyddol yn drydan

gwastraff niwclear Gwastraff o orsaf bŵer niwclear sy'n beryglus i bobl, anifeiliaid, a'r amgylchfyd os nad yw'n cael ei waredu'n iawn.

gwrtaith Cemegolyn neu ddeunydd naturiol sy'n cael ei ychwanegu at bridd i helpu cnydau i dyfu

hinsawdd Yr amodau tywydd mewn ardal benodol dros gyfnod hir o amser

llosgi Pan fydd rhywbeth yn cael ei losgi i gael gwared arno

methan Nwy di-liw a diarogl, sy'n cael ei ddefnyddio'n aml fel tanwydd. Mae'n nwy tŷ gwydr pwerus sy'n cael ei greu gan anifeiliaid, drwy losgi tanwydd ffosil, neu pan fydd deunydd organig yn dadelfennu

microbau Pethau byw bychan, fel bacteria, firysau neu ffwng

mudo Pobl neu anifeiliaid sy'n symud o un lle i'r llall

nwyon tŷ gwydr Nwyon yn atmosffer y Ddaear sy'n amsugno gwres yr Haul. Mae carbon deuocsid, methan, ocsid nitraidd ac anwedd dŵr yn nwyon tŷ gwydr

osôn Math o ocsigen sy'n creu haen o gwmpas y Ddaear, o'r enw haen osôn, ac sy'n amddiffyn y Ddaear rhag pelydrau'r Haul. Lliw glas golau sydd i osôn

plaladdwr Cemegyn sy'n cael ei chwistrellu dros gnydau er mwyn lladd pryfed ac anifeiliaid niweidiol eraill

sero-wastraff Rhwystro unrhyw wastraff rhag cael ei anfon i safle tirlenwi neu rhag llygru'r amgylchedd

tomen Safle hynafol ar gyfer sbwriel

tyrbin Peiriant ag olwyn â llafnau arno sy'n troi yn sgil llif hylif neu nwy. Mae'r troi'n cynhyrchu ynni

uwchfioled Ymbelydredd uwchfioled. Math o ynni sy'n teithio ym mhelydrau'r Haul

ynni Yr hyn sy'n gwneud i bethau ddigwydd. Fe'i ceir mewn gwahanol ffurfiau, yn cynnwys gwres, goleuni, symudiad, sŵn a thrydan

# Mynegai

Cydnabyddiaethau

Dymuna Dorling Kindersley ddiolch i'r canlynol am eu cymorth wrth baratoi'r llyfr hwn: Robin Moul a Dawn Sirett am gymorth golygyddol; Caroline Stamps am brawfddarllen; Helen Peters am lunio'r mynegai; a Dan Crisp am y lluniau. Dymuna'r cyhoeddwyr ddiolch hefyd i Sana Ahmed am y cyfweliad "Holi'r arbenigwr".

Dymuna'r cyhoeddwr ddiolch i'r canlynol am fod mor garedig â chaniatáu defnyddio'u lluniau:

(Allwedd: u-uwchben; i-islaw/gwaelod; c-canol; e-eithaf; ch-chwith; dd-dde; t-top; b-blaen)

1 Haribaabu Naatesan/ www.fossilss.com: (c). 2 Dreamstime.com: Chernetskaya (cddg); Zaclurs (gch); Gitanna (bgch), gch/tomatos); Valiantsina Mironava (gc); Sergeypykhonin (gdd). 3 123RF. com: Richard Whitcombe (gch). Dreamstime.com: Abrosimovae (tdd); Wanuttapong Suwannasilp (gdd); Winai Tepsuttinun (gc). Tarisio: (cdd). 4–5 Dreamstime.com: Panaramka (t). 4 Alamy Stock Photo: Nature Picture Library (gc). 5 Alamy Stock Photo: Tom Vater (cchg). Dreamstime. com: GoranJakus (tdd). Getty Images: George Osodi / Bloomberg (cddg). 6–7 Getty Images: Auscape / Universal Images Group. 6 Dreamstime.com: Mark Eaton (gc); Velichka Miteva (c); Phana Sitti (cg). 7 Alamy Stock Photo: agefotostock (gch); James King- Holmes (cddu); Melvyn Longhurst (cchu). Dreamstime. com: Claudio Baccaro (c); Sinisa Botas (cch). 8 123RF. com: scanrail (cddg). Alamy Stock Photo: PA Images (cdd); Hiroko Tanaka (gch). 9 Alamy Stock Photo: Everett Collection Inc (gch). Nick Dimola NYC: (cu, cddu). Tarisio: (cdd). 10 Alamy Stock Photo: Alistair Scott (cch). Dreamstime.com: Gitanna (cdd/ Tomatos, fcr); Sataporn Jiwjalaen / Onairjiw (t); Zaclurs (cdd). 10–11 Alamy Stock Photo: Brais Seara (gc). Dreamstime.com: Coppi Bartali (c); Laboko (tc). 11 Dreamstime.com: Damrong Rattanapong (cdd). 12 Dreamstime.com: Roman Milert (gch); Photka (gc); Photopips (c); Olena Smyrnova (cddu, cu). 12–13 Dreamstime.com: Natalya Danko (gc); Photka (c). 13 123RF.com: bbtreesubmission (cch/Poteli). Dreamstime.com: Ian Allenden (cg); Photka (cch); Khaled Eladawy (tc); Pavel Drozda (cg); Hsagencia (cdd); Valiantsina Mironava (c). 14 Alamy Stock Photo: Rubens Alarcon (tch); EnVogue_Photo (cdd). 15 123RF.com: eivaisla (cdd). Alamy Stock Photo: Arterra Picture Library (tch). Dreamstime.com: Andrey Popov (gch). 16–17 Getty Images: Johner. 17 Dreamstime.com: Al Robinson (tdd). Getty Images: Halfpoint Images (tc). 18 Dreamstime. com: Rangizzz (cchg); Winai Tepsuttinun (cchu); Wanuttapong Suwannasilp (cdd/bag sbwriel). Getty Images / iStock: Mukhina1 (cddu). 18–19 Dreamstime.com: Sergeypykhonin (cg); Suphonphoto (gc). Getty Images: Donat Sorokin\ TASS (ca). 19 Dreamstime. com: Maldives001 (tdd); Romanotino (cdd). Getty Images / iStock: Vm (cg). 20 Dreamstime.com: Chernetskaya (cch); Valya82 (cl/dyfrio); Jinaritt Thongruay (cdd). Getty Images / iStock: Laughingmango (cdd/

Gwinllan). 21 Dreamstime.com: Weerayuth Kanchanacharoen (cch); Ded Mityay (cch/ Gwaith Trin Dŵr); Visivasnc (cb/offer arbed dŵr); Sofiia Shunkina (cdd). 23 Dreamstime.com: Chernetskaya (gc); Godruma (cchg); Monika Wisniewska (gdd). 24 Dreamstime.com: Icefront (cdd); Marekusz (cchg); Vadzim Yakubovich (br, bc). 25 Dreamstime.com: Steve Allen (tdd); Comzeal (cddg). Getty Images: Pascal Mannaerts / Barcroft Imag / Barcroft Media (cchu). Getty Images / iStock: Bet_Noire (gch). 26 NASA: JPL-Caltech (gdd). 26–27 NASA: Asiantaeth Ofod Ewropeaidd. 27 123RF.com: Veniamin Kraskov (cchu). Dreamstime.com: Godruma (ca); Lemusique (ca/ bag plastig). Getty Images: Stocktrek Images (gc). 28 123RF.com: Olga Yastremska (cch). Dreamstime.com: Olgagillmeister (tdd). 29 Dreamstime.com: Olgagillmeister (tc); Golib Tolibov (c); Anton Samsonov (cddg). 30–31 Getty Images / iStock: France68 (gc). 30 Dreamstime. com: Monticellto (cch). 31 Dreamstime.com: Design56 (cchu); Aleksey Popov (cddg). Getty Images / iStock: Art_rich (tch); Karayuschij (cchu/ hambyrddau ewyn); jon11 (cdd). 32 123RF. com: Richard Whitcombe (gc). Dreamstime. com: Dmitrii Melnikov (cch). 32–33 Alamy Stock Photo: Paulo Oliveira (c). 33 Getty Images / iStock: doble-d (cddg). Science Photo Library: Planetary Visions Ltd (tdd). 34–35 Getty Images: Agung Fatma Putra / SOPA Images / LightRocket. 36 Dreamstime.com: Bomboman (gdd). Getty Images / iStock: Aurore Kervoern (gch). 37 Alamy Stock Photo: Pamela Au (gch). Dreamstime.com: Pklimenko (gch); Suthon Thotham (tdd). 38 Alamy Stock Photo: Bill Brooks (gdd). Dreamstime. com: Johnypan (cch). 39 Dreamstime.com: Chingyunsong (cch). Getty Images / iStock: Boryak (tdd). Getty Images: Haryadi Bakri / EyeEm (gdd). 41 Getty Images: Ashley Cooper (tdd); Zakir Hossain Chowdhury / Barcroft Media (tc). 42 Dreamstime.com: Ultramarine5 (cddg). Getty Images / iStock: Pifate (gch). 43 Alamy Stock Photo: Universal Images Group North America LLC / DeAgostini (gch). Dreamstime. com: Péter Gudella (tch); Nostal6ie (tdd). 44 Dreamstime. com: Chernetskaya (cddg); Wavebreakmedia Ltd (cch); Olga1969 (cchg). Getty Images: Lluniau gan Sally Jane Photographic Art (bcchg). 45 Dreamstime.com: Abrosimovae (cch); Motortion (tch); Monkey Business Images Ltd (cddu); Wavebreakmedia Ltd (gdd). 46–47 Alamy Stock Photo: WENN Rights Ltd / Gabriel Dishaw (c). 46 Haribaabu Naatesan/ www. fossilss.com: (g). 47 Belen Hermosa: (tdd). Sinan Sigic: (gdd). 48 Dreamstime.com: Chernetskaya (cb, br); Volodymyr Muliar (cch); Photomailbox (gch); Oleksandra Naumenko (cddu). 49 Dreamstime. com: Nina Firsova (cddu); Anouk Stricher (tdd); Sergii Petruk (cu); Hans Geel (cch); Andrey Starostin

(c); Tashka2000 (cchg); Zulfiia Ishmukhametova (cg, gdd); Aleksandr Volkov (gc). 51 Shutterstock. com: runzelkorn (gdd). 52 Getty Images: Peter Dazeley (tch); Jose Luis Pelaez Inc (gc). 52–53 123RF.com: Andriy Popov (tc). 53 Alamy Stock Photo: Jeff Morgan 15 (tdd). Dreamstime. com: Andrii Biletskyi (cdd); Rpianoshow (tc); Manaemedia (gdd). 54–55 Dorling Kindersley: Merritt Cartographic: Ed Merritt (c). 54 TOMRA: (cch). Waterfront Partnership of Baltimore: (tch). 55 Alamy Stock Photo: hemis.fr / Gil Giuglio (gdd); P&F Photography (gch). Dreamstime. com: Mykola Sirenko (tdd); Wanuttapong Suwannasilp (g). Getty Images: Aman Rochman / AFP (c). 56 Dreamstime.com: Mengtianhan (gch). Ahmed Nawaz: (tch). 57 Ahmed Nawaz: (gch, tdd). 58–59 Alamy Stock Photo: Thesimplegraphy (tc). 58 Dreamstime. com: Blueringmedia (gch); Jemastock (cch); Risto Hunt (cddg); Onyxprj (gdd). 59 Dreamstime.com: Frions (gdd); Konstantin Gorbachev (dd); Laboko (cg); Damrong Rattanapong (gch). 62 Alamy Stock Photo: Paulo Oliveira (tch). 64 Dreamstime.com: Zulfiia Ishmukhametova (btch); Aleksandr Volkov (tch)

Lluniau tudalennau gweili: Blaen: Alamy Stock Photo: Ian Dagnall cg, Richard Levine fcrb, Niday Picture Library cu (White Wings), Prisma Archivo bgch; Dreamstime.com: Xiaoma btch; Getty Images: Andrew Holbrooke cddg, Hulton Archive tc; Library Company of Philadelphia: gc (Roberts' Old Mill); Science Photo Library: bc; Cefn: 123RF.com: yasonya cddu; Depositphotos Inc: NosorogUA cchg; Dreamstime. com: Kasia Biel cdd, Nadezhda Bugaeva cg, Caymia bl, Chernetskaya br, Duskbabe gc, Elvira Koneva c, Pamela Mcadams gc (Clytiau defnydd), Anatoly Repin cchu

Lluniau'r clawr: Blaen: Dreamstime.com: Jemastock crb, Lemusique cddu, Olga1969 cu, Pixelrobot gch, Stockernumber2 c; Getty Images: Lluniau gan Sally Jane Photographic Art cu/ (Gift); Getty Images / iStock: Bet_Noire cddu/ (casgen); Cefn: Dreamstime.com: Zulfiia Ishmukhametova tdd, Aleksey Popov tch; Meingefn: Dreamstime. com: Frions g; Fflap Blaen: 123RF.com: Richard Whitcombe cu; Dreamstime.com: Abrosimovae cddg/ (2), Chernetskaya cchg/ (2), Design56 cchu/ (2), Volodymyr Muliar gch/ (2), Onyxprj cchg, Risto Hunt cdd, Anton Samsonov cddu/ (2), Sergeypykhonin cchu, Anouk Stricher cchg, Wanuttapong Suwannasilp gdd/ (2), Aleksandr Volkov gc, Vadzim Yakubovich bcddg; Getty Images / iStock: Karayuschij cch, bcdd, Mukhina1 tdd/ (2); Tarisio: cch/ (2); Fflap Cefn: Dorling Kindersley: Prifysgol Aberdeen tch; NASA: cchg.

Pob llun arall © Dorling Kindersley
Am wybodaeth bellach: www.dkimages.com

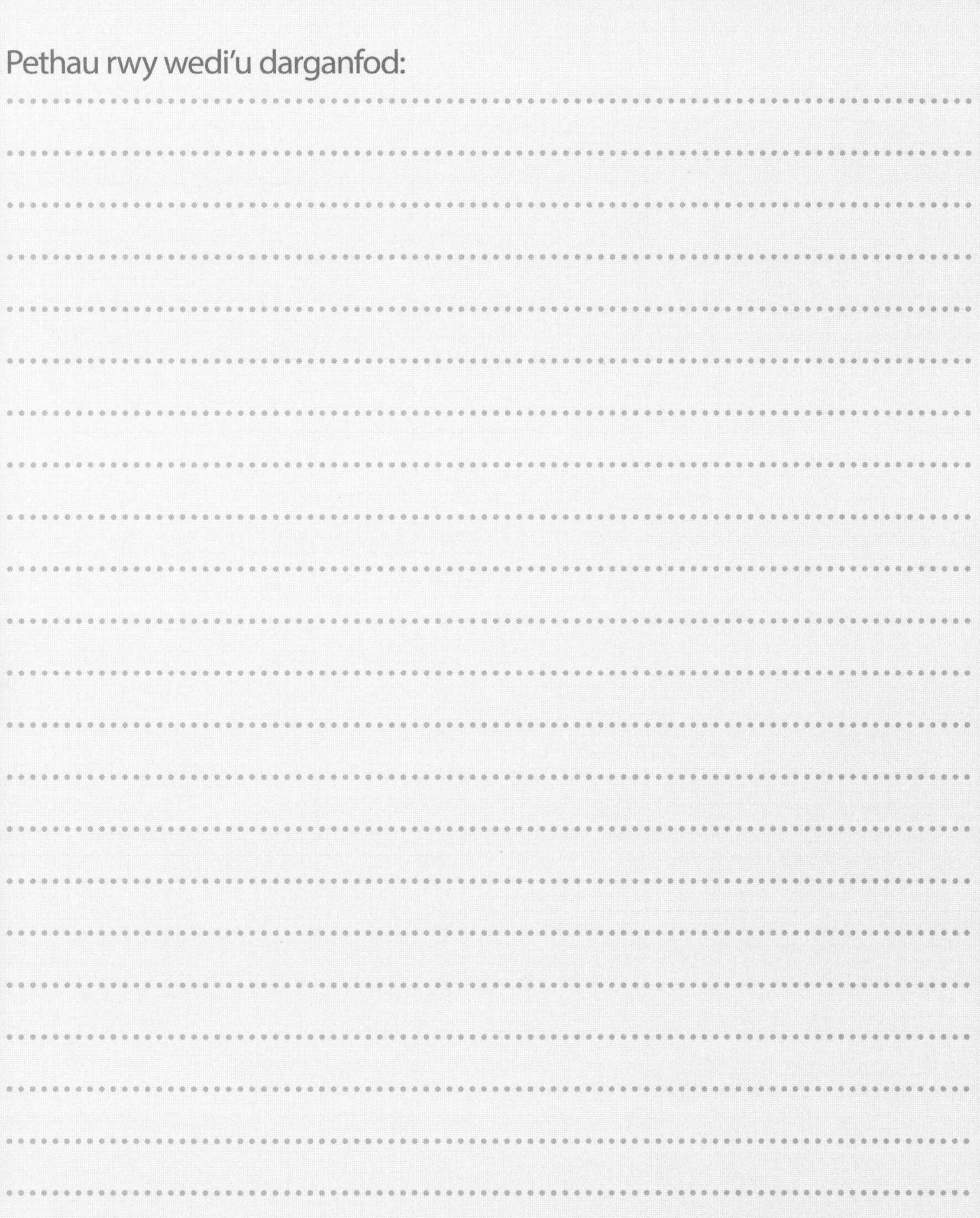
Pethau rwy wedi'u darganfod:

Taflu neu ailddefnyddio?

Daw sebon hylif mewn poteli plastig sy'n defnyddio llawer o ynni i'w creu. Hefyd, dydy'r poteli plastig ddim yn ymddatod o'u taflu i ffwrdd.

Mae clytiau untro'n cael eu gwneud o blastig anfiodiraddadwy. Maen nhw'n cael eu taflu i safleoedd tirlenwi, gan gymryd cannoedd o flynyddoedd i ymddatod.

Caiff miliynau o diwbiau past dannedd eu taflu i ffwrdd bob blwyddyn. Maen nhw'n anodd eu hailgylchu am eu bod yn gymysgedd o blastig a deunyddiau eraill.

Mae pecynnau plastig yn helpu i gadw bwyd yn ffres, er mwyn gallu ei gludo dros bellter mawr. Ond mae llawer ohono'n gorffen ei oes mewn safleoedd tirlenwi, lle na fydd efallai byth yn ymddatod.

Mae rhai cynwysyddion bwyd plastig yn gollwng cemegolion niweidiol i mewn i fwydydd o'u cynhesu neu eu rhoi yn y popty microdon. Caiff nifer eu gwneud o blastig na ellir ei ailgylchu.

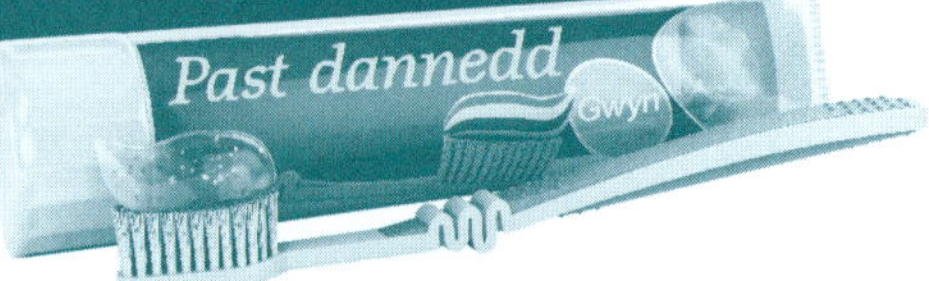